生活中的行为经济学

董志勇 

图书在版编目（CIP）数据

生活中的行为经济学：插图版/董志勇著. —3版. —北京：北京大学出版社，2024.5
ISBN 978-7-301-34866-6

Ⅰ. ①生… Ⅱ. ①董… Ⅲ. ①行为经济学—通俗读物 Ⅳ. ①F069.9-49

中国国家版本馆CIP数据核字（2024）第045504号

书　　名　生活中的行为经济学（插图版）
　　　　　SHENGHUO ZHONG DE XINGWEI JINGJIXUE (CHATUBAN)
著作责任者　董志勇　著
责任编辑　兰　慧
标准书号　ISBN 978-7-301-34866-6
出版发行　北京大学出版社
地　　址　北京市海淀区成府路205号　100871
网　　址　http://www.pup.cn
微信公众号　北京大学经管书苑（pupembook）
电子邮箱　编辑部em@pup.cn　总编室zpup@pup.cn
电　　话　邮购部010-62752015　发行部010-62750672　编辑部010-62752926
印 刷 者　北京九天鸿程印刷有限责任公司
经 销 者　新华书店
　　　　　720毫米×1020毫米　16开本　14.5印张　218千字
　　　　　2010年7月第1版　2018年4月第2版
　　　　　2024年5月第3版　2024年5月第1次印刷
定　　价　68.00元（插图版）

PREFACE

修订版前言

2017年度诺贝尔经济学奖被授予美国经济学家理查德·塞勒（Richard Thaler），以表彰他在行为经济学领域的卓越贡献。这已经不是诺贝尔经济学奖第一次青睐行为经济学家了，事实上，早在2002年，塞勒的合作者丹尼尔·卡内曼（Daniel Kahneman）就因“把心理学研究和经济学研究有效地结合，从而解释了在不确定条件下如何判断与决策”而获奖，这也标志着一门古老而崭新的学科——行为经济学正式步入经济学殿堂。

近年来，行为经济学发展迅速，越来越多的经济学家开始涉足行为经济学领域，行为经济学已确立的原理越来越受到各方面的关注。行为经济学最大的贡献就在于将行为分析理论与经济运行规律有机结合，从实际出发，用描述性的方法帮助人们认识真实的世界。它打破了传统经济学的理性人假设，将理性的、自私的、追求自身效用最大化的理性人还原为现实生活中非理性的、有情感的血肉之躯。正如瑞典皇家科学院形容塞勒的研究“令经济学变得更人性化”一样，行为经济学的出现和发展使得经济学更接地气。

行为经济学接地气的另一个重要原因是它以现实为基础构造理论，将人作为经济学的主体，用描述性的方法解释生活中的经济现象和人们的经济行为，打破了传统经济学理论通过建立精密的数学模型与严格的推理论证来解释、研究经济行为和经济现象的框架，拉近了经济学与人的距离。因此，你会发现，生活中的行为经济学无处不在。

也是基于此，本书希望能用最接地气的语言和生活中的故事，帮助大家进入行为经济学的世界，感受行为经济学的魅力。也为了使本书更接地气，我在第一版的基础上进行了进一步的改版：将上下两册合并，删掉了一些难懂的公式和图表，去掉了晦涩难懂的章节（如第一版第八章“向传统金融学挑战——金融异象”），同时更新了案例。作为一本行为经济学普及读物，插图版中插入了更多、更生动的漫画，以期给大家更好的阅读体验。无论是刚刚开始学习经济学的大学生，还是没有经济学基础的普通读者，都可以从中得到启发，在日常的经济行为选择中有所借鉴，进而使行为经济学得到普及。

目　录

第一部分　消费行为的非理性陷阱

第一部分

消费行为的非理性陷阱

在每天的日常消费中，我们都面临各种选择。我们基于过去的经验、满足的假想、不精确的参照系等做出的“明智之选”，却往往是有损最大利益的“非理性”选择。这些“荒唐”决策的背后，其实有一只“看不见的手”在操纵。研究人的行为规律，是经济学永恒不变的规律，本书第一部分就将带你解开真相，解析个人在日常消费中的行为误区。

第一章

钱和钱不一样
——每个人都有不同的心理账户

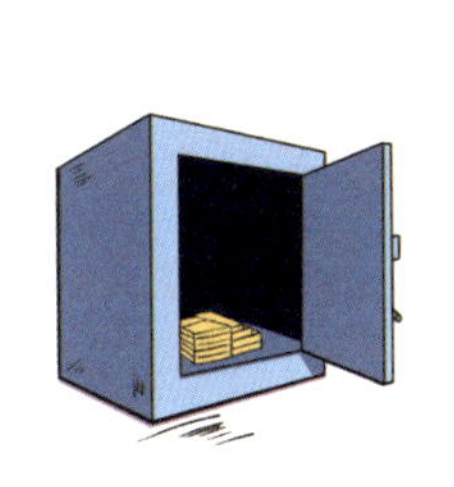

“计划外”账户

一位经济学教授平时总有一些计划外的花销，比如，冲动消费买了一双后来几乎没穿过的鞋子，朋友结婚送了礼金，不小心搞丢了零花钱，等等。这些花销并不是很多，教授也不太在意。可是，正所谓“聚沙成塔”，每当他用手机银行查账，总会发现自己的户头上“莫名其妙”地少了很多钱，他因此十分不爽。

为了解决这个问题，聪明的教授想出了一个“绝妙”的办法：他决定每年为慈善事业捐款3万元，并专门为此设立一个账户。每当花费一笔“计划外”的钱款时，他就从这个慈善捐款账户中扣除。一年下来，这个账户居然有余额。教授最终有没有真正地将余额捐给慈善事业并不重要，重要的是，他再也不会为那些计划外开支心烦了。

这种做法乍看起来有些可笑——不管是什么账户的钱，都是自己的钱，为什么搁在自己的平常账户里就心疼，搁在慈善捐款账户里就不心疼呢？难道钱和钱还不一样吗？

生活中常常有类似的“自欺欺人”的例子，比如赌场里一掷千金的赌徒、商场里刷卡成癖的卡奴，他们行为的疯狂程度，似乎真的像赌桌上的钱、信用卡里的钱不是自己的一样，花起来不心疼！这是为什么呢？

第一节 心理账户：个人财务管理的捷径

不同心理账户里的钱不同

在传统经济学中，经济学家认为人们对待各种收入和支出是一视同仁的：在收入上，工资收入、股票红利、彩票奖金，甚至包括赌博得来的赌金，在人们心理上的地位是完全相同的；在支出上，无论是买衣服、食品，还是买车、房子，无论是用现金还是刷信用卡，人们的消费也是基本一致的。但是，行为经济学家认为，人们在获得收入或进行消费时，总是会把各种不同的收入和支出列入不同的“心理账户”，认为不同账户里金钱的价值是不同的，对不同账户的支出策略也是不同的。

2023 年夏天，《封神第一部》上映，你准备去电影院一饱眼福，可就在看电影的当天，却出了个不大不小的意外：

意外一：你刚到电影院门口准备买票时，发现之前放在上衣口袋里的 70 元钱不见了，你还会另外花 70 元钱买票看电影吗？

意外二：你刚到电影院门口，发现自己几天前花70元钱买的电影票不见了，你还会再花70元钱买票看电影吗？

这两种情况其实是一样的：都是损失了70元钱的价值。但是，实验结果显示：在意外一的情境下，大部分人选择买票看电影；而在意外二的情境下，大部分人选择打道回府，等待网络放映影片。

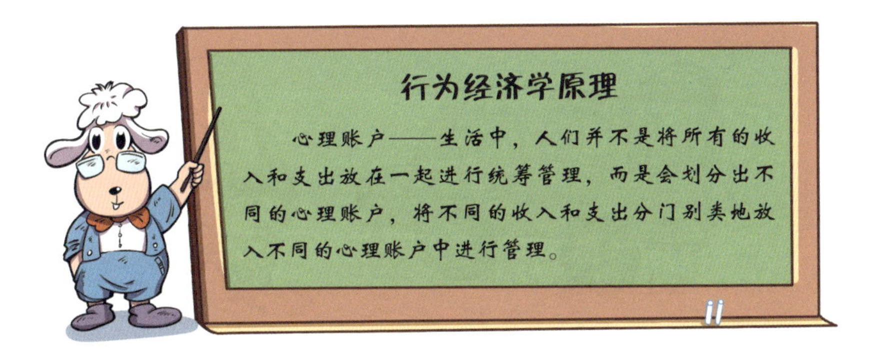

这个实验结果用传统经济学的理论是无法解释的，但用心理账户理论则解释得通：人们把丢的钱和买电影票的钱归入不同的心理账户，丢了的钱不会影响电影票账户的预算和支出，但丢了的电影票和后来需要再买的票就被归入同一个心理账户。

买了新房子，扔了旧家具

新车的音响

王老板经营着一家私营企业，开着一部旧捷达车上下班、跑业务，捷达车虽旧，但性能还不错，就是音响坏了。因此，每次去修车时，汽修店员工总建议王老板更换一套2 000元的音响，但王老板坚持不买，总说："我又不整天待在车里，更不怎么听音乐、听广播，要那玩意儿有什么用？"

后来，王老板的生意越做越大，他觉得开一辆旧捷达出门太寒碜，于是换了一辆50万元的宝马车。订车后，售车小姐问："王总，我们这儿最近搞活动，可以以18 000元的优惠价格更换汽车音响，您要不要看一下？"没想到，王老板这次却出乎意料地爽快："换，给我换最好的！"

王老板的消费选择似乎前后矛盾：几个月前，他还声称自己用不到音响，连2 000元都舍不得花；几个月后，即使新车有音响，他却花18 000元换成了最好的。

我们可以用心理账户理论来解释王老板态度的转变。开捷达车时，王老板需要在一个单独的心理账户中支出2 000元更换音响；而买宝马车时，王老板已经生成一个购买好车的心理账户，并为车支出50万元，后面为更换音响支出的18 000元，也是记入该心理账户的。

因为存在"敏感度递减规律"（参见本书第二章），所以这18 000元给人的心理感觉要比前面的2 000元少。王老板的例子在日常生活中还有很多。比如，有个人家里的家具，有些用了十几年他都舍不得换，而一旦买了新房子，这个人往往会毫不吝惜地将旧家具全部换掉，即使有些还挺新的。这些行为与王老板的案例一样，都是不同的心理账户在人们心中起了作用。

心理账户现象为商家指出了一条营销之路——在销售高价商品的过程中

推销低价商品和服务，比单纯推销低价商品和服务有效得多。比如，手机商家推出的“加99元多得一个黑科技充电宝”。事实上，我们也许并不需要这个充电宝，但因为我们在“买手机”这个账户上已经花了很多钱，再多花99元钱对我们来说没什么感觉，所以往往容易接受这样的“优惠”。

因为心理账户的存在，不同的支出会被划入不同的心理账户，消费者对待不同账户的消费决策是不同的。因此，聪明的商家就要尽量保证自己的产品被划入一个已经存在的、数额尽可能大的账户。在这样的账户中，依据敏感度递减规律，消费者更加倾向于消费。相反，作为理性人的消费者，则要做到三思而后行，时时刻刻注意分析自己的消费决策，判断自己有没有受心理账户的引导，避免在购买大件商品时多花冤枉钱。

第二节 心理账户如何运行

白马非马，赌资非钱

人们对不同心理账户里的钱的价值判断是不同的。有些账户里的钱在人们心中的价值特别大，而有些账户里的钱在人们心中的价值则很小。因此，基于不同心理账户中金钱价值的不同，人们在这些账户上的投资、消费决策也有巨大的差异。

“输了5美元”

一对新婚夫妇到赌城拉斯维加斯度蜜月。他们花了1 000美元在赌场

里玩了一天，结果和大多数来到拉斯维加斯的人一样，他们输掉了全部的赌本。晚上，夫妇俩回到酒店准备休息时，丈夫发现自己口袋里还有一枚价值5美元的筹码，上面莫名其妙地贴着一张写着数字“17”的纸条。丈夫认为这是神对他的某种启示，于是连衣服都顾不上换，穿着睡衣就跑到楼下的赌场里，将这枚筹码押到数字17上。结果，他果真押中，获得175美元；他又将这175美元押到17上，结果又赢了，获得6 125美元；接下来，他如有神助，不断将赌注下在数字17上，并不断获得胜利。几局之后，他的赌金积累到2.6亿美元。然而，当他将全部赌金再次押到17上时，幸运女神却悄悄离开了他，赌局的结果是18，他输掉了所有的钱。于是，丈夫悻悻地回到房间。焦急等待他的妻子问他去哪儿了，他回答：“我又去赌了几把。”妻子问：“结果怎么样？”他回答：“输了5美元。”

这位“传奇睡衣男”曾经一度拥有2.6亿美元，这可能是他想象不到的财富。但是，因为没有收手，他丢掉了这笔天价财富。然而，更为传奇的是，对于这笔财富的丢失，他只是轻描淡写地说“输了5美元”。人们投到赌场上的钱和平时放在银行里的钱归属于不同的心理账户。如果某人的银行户头被盗了2.6亿美元，他绝对会痛不欲生。但是，由于赌场上的钱被归入一个完全没有价值的心理账户之中，钱再多，在赌徒心中也不过是一个数字而已，人们显然不会为了一个数字的得失而懊恼。

这就是所谓的“白马非马，赌资非钱”。

日常生活中，我们很少会为一瓶饮料讨价还价，但在买车等大件时往往都要货比三家。这是因为人们在心理上习惯将小钱归在消费账户、大钱归在储蓄账户，所以消费时会区别对待，小额消费时慷慨大方，大额消费时谨慎节俭。

另一个比较典型的心理账户的例子是信用卡消费。用信用卡消费时，人们往往把控不住自己的欲望，花钱大手大脚，仿佛信用卡上的钱不是自己的一样。这是因为人们在划分心理账户时，会把信用卡上的钱归入一个单独的“信用卡账户”，而在这个账户中，金钱的心理价值较之现金是相对低的。这也就解释了为什么人们对这张小小的卡片如此疯狂，沦为“卡奴”。现实生活中，我们往往会设置很多心理账户，如养老账户、买房账户、孩子上学账户、应急账户，等等。人们设置这些账户是完全理性和必要的，但不能过了头，过于看重某些心理账户里钱的价值，导致关于这些钱的经济决策过于保守，不舍得用它们进行投资，浪费使自己财富增值的大好机会。

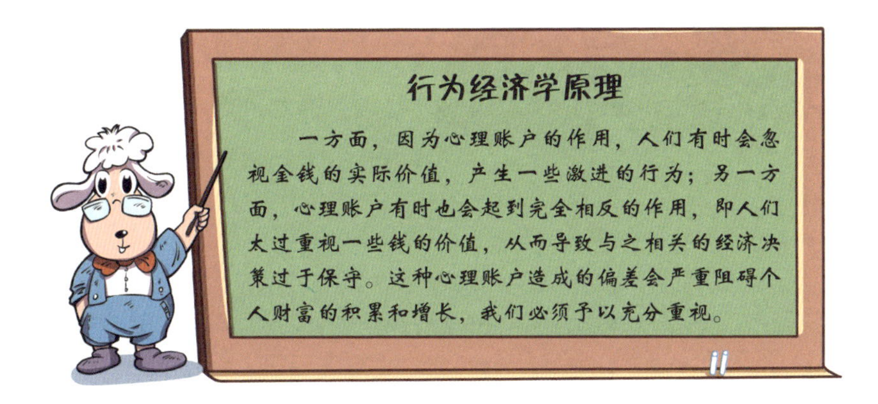

抓大放小与意外之财

彩票收入的去向

李先生是一位老彩民，用他自己的话说，买彩票纯属娱乐。他平时每周大概买10元钱的彩票，不图中大奖，就图找乐子。这么多年彩票买下来，他也中了好几回小奖。不过，他总是随手就把这些钱花掉了，如果中了几元钱，就给女儿买根棒棒糖；中得稍微多一点，如几百元钱，就拿去请朋友们吃饭，喝得高兴了，他还往往倒贴钱进去。这么多年下来，李先生的“彩票收入账户”里不但没有增值，还往往有亏空，得用其他“账户”里的钱来填补。

后来，李先生居然中了大奖，奖金好几百万元。这次李先生一反常态，没有声张，既没请朋友吃饭，也没给女儿买棒棒糖。回家商量之后，夫妻俩决定把这笔钱存起来，等有机会拿出来投资。当时正值金融危机爆发，投资环境不太好，夫妻俩就一直把这笔钱放在银行里，到现在还没动过一个子儿呢！

传统经济学有一个概念，叫“边际消费率”。简单来讲，就是指每赚1元钱，会将多少钱拿出来用于消费的比例。比如，你赚了100元钱，消费了80元钱，你的边际消费率就是0.8。这个概念跟我们平时所讲的“量入为出”类似。传统经济学认为人们的边际消费率是稳定不变的，而且受财富总额的限制，这个数字不能超过1。

行为经济学也引入了这个概念，不过由于不同心理账户的存在，行为经济学认为人们的边际消费率在不同的心理账户上是不同的，而且在同一个心理账户上也不是恒定的，即人们往往会花掉小钱而储存大钱——也就是所谓的“抓大放小原则”。另外，由于某个心理账户中的钱只是个人财富的一部分，因此这个边际消费率可以超过 1。也就是说，你花掉一个心理账户上的钱，却往往用另一个心理账户的钱来填补。

用这个道理分析一下李先生的例子。李先生的彩票收入应该是记入同一个心理账户——“意外之财账户”中的。在中大奖之前，所有进入这个账户的小钱全部被李先生消费了，偶尔消费的数额还会超过获得的彩票奖金数额，要靠自己的其他收入来填补，即这个心理账户上的边际消费率大于 1。后来李先生中大奖之后却没有像消费小钱一样将这笔巨款全部消费；恰恰相反，他一个子儿都没有消费。也就是说，对于这笔巨款，他的边际消费率是 0！所以，即使是在同一个心理账户上，因为收入数额的不同，边际消费率也不同，李先生拿小钱不当回事，却对大钱分文不动，正符合了之前所说的“抓大放小原则”。

“抓大放小原则”不仅适用于收入，也适用于消费。也就是说，当消费的金额比较大时，人们往往会控制消费；当消费的金额比较小时，人们往往不太在意。

卖不出去的咖啡卡

一幢写字楼楼下有一家咖啡店，写字楼中的很多白领都喜欢工作间歇时到这家店里喝一杯咖啡，聊聊天，休息一下。久而久之，咖啡店的老板发现很多客人几乎每天都来，而且每次点的咖啡种类都差不多，于是他想出一个促销的好主意：向这些白领出售一种咖啡卡，购买此卡后，一年内每天可以在咖啡店获得预定种类咖啡一杯，而买咖啡卡所花的钱仅为每天来点咖啡所需费用的 80%。咖啡店的老板本以为这种咖啡卡的销量会很好，没想到，并没有

几个人对咖啡卡感兴趣，大家似乎还是喜欢每天来花钱买咖啡，尽管一年下来花的钱要比买咖啡卡更多。

这个例子充分表明了消费中的抓大放小现象。白领每天来店里喝一杯咖啡，花二三十元钱，这在他们心中属于“小钱”，并不怎么在意；购买咖啡卡，尽管一年下来的总花费要少一些，但还是要一次性支出四五千元，这在白领心中就不再是“小钱”了，他们会控制这种“大钱”的消费，因而不会购买咖啡卡。

消费的数额对于消费倾向的影响也适用“抓大放小原则”：在赚大钱、花大钱的时候，人人都是葛朗台；而在赚小钱、花小钱的时候，人人都是高老头。这个原则对日常生活中的财富积累有着重要的启示：如果你没有什么较大数额的收入，却又想存点钱，就要始终记得“聚沙成塔”的道理——不要“拿小钱不当钱”“花小钱如流水”。

富豪抠门也正常，只因未到花钱时

“抠门”的富翁

2006年6月12日，加拿大原首富、媒体大亨肯尼斯·汤姆森（Kenneth Thompson）因心脏病而去世。他一些不为人知的事迹曝光，大家惊异地发现这位曾在《福布斯》排名全球第九、个人净资产196亿美元的巨富，生前居然是一个生活上极其抠门的人：穿的是便宜衣服，连脚后跟磨破的鞋子也舍不得扔掉；平时开一辆旧车，也不舍得雇司机；坐飞机时也只坐经济舱；理发不舍得去理发店，都是由妻子代劳；有一次赶上食品店出售廉价汉堡包，他居然一口气买了六大食品袋；更为夸张的是，有一次他出席晚宴，为了节省几元钱的停车费，居然把车停在离宴会地点好几个街区的地方，然后冒着漫天大雪走了过去！其实，汤姆森并不是在所有花销上都“抠门”。他是一位狂热的艺术品爱好者，收藏了世界上最贵的画作之一——彼得·保罗·鲁本斯（Peter Paul Rubens）的《对无辜者的杀戮》，汤姆森为这幅画花费了 7 700 万美元！可见，富豪抠门也正常，只因未到花钱时。

汤姆森消费行为的反差为什么这么大呢？行为经济学家的解释是，每个人都有着各种各样的心理账户预算控制，心理账户的属性不尽相同，人们在这些心理账户上所分配的预算也就不尽相同。拿汤姆森来说，虽然他是世界顶级富豪，但是他给自己生活账户分配的预算却跟常人一样；同时，凭借雄厚的财力，他可以为自己的艺术品账户分配巨额预算。

心理账户的预算控制机制有很多作用，不仅仅限于控制人们在各方面的消费预算。由于预算控制机制的存在，人们往往会回避那些造成预算超标的消费；反过来，正因为刻意回避这些消费，人们就会在心理上抬高它们的价值，使之高于其实际价值。生活中需要花少量的钱，体现最大的“新意”以及“心意”的消费行为，就是送礼。

以哈根达斯冰激凌为例。它的价格虽然高得令人咋舌，但男孩子在追求女孩子时，往往会请她吃哈根达斯，即所谓的“爱她，就带她去哈根达斯”，因为哈根达斯的价格相对高昂，一般人平时较少会去消费。当人们在哈根达斯消费时，会有“平时得不到的东西才是好东西”的感觉，因而这样的请客在女孩子心理上的价值要远远高于哈根达斯冰激凌本身的价格。如果拿相同数额的钱买礼物或者请吃饭，往往达不到这样的效果。从这个意义上说，哈根达斯和广大少男朋友们在这个问题上是“周瑜打黄盖，一个愿打，一个愿挨”。

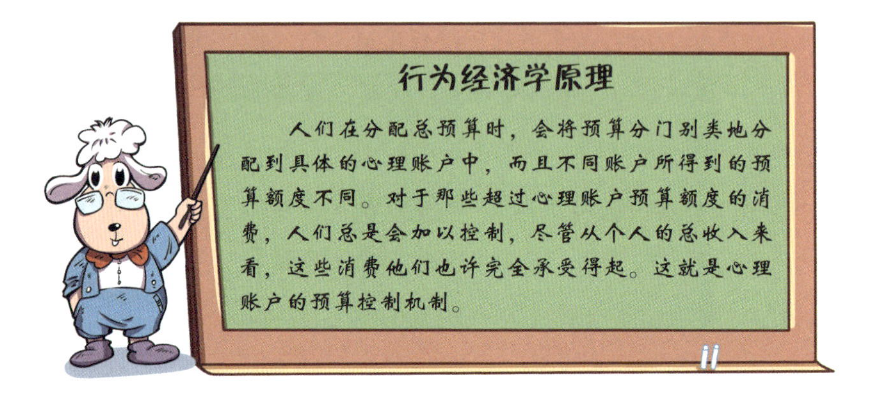

在控制预算的具体过程中，人们为了实现对超标消费的有效控制，总是会在心理上刻意抬高超标消费的价值；反过来，当进行这些超标消费时，他们在心理上对其价值的判定也会高于其实际价格。这个机制对我们平常的送礼行为有着重要的指导价值，即“不要送昂贵的日用品，而要送廉价的奢侈品”。

不是“一手交钱，一手交货”时

先看两个实验。

假设 6 个月之后你要搬入新家，而你需要为新家购买一台电冰箱，价值 2 400 元。现在有两种付款方式供你选择，你会选择哪种呢？

付款方式 A：在接下来的 6 个月内，你需要每月付款 400 元，到第 6 个月的时候家电公司将电冰箱送到你的新家。

付款方式 B：6 个月之后，家电公司将电冰箱送到你的新家，然后在接下来的 6 个月里，你需要每月向家电公司支付 400 元。

假设你计划 6 个月之后去海南旅游，而旅游公司给的价格是 2 400 元。现在有两种付款方式供你选择，你会选择哪种呢？

付款方式 A：在接下来的 6 个月内，你需要每月支付 400 元，到第 6 个月的时候随旅行团赴海南游玩。

付款方式 B：6 个月之后，你先随旅行团赴海南游玩，然后在旅游结束后的 6 个月里，每月向旅游公司支付 400 元。

上面两个题目是完全等价的：都是要为一件价值 2 400 元的商品（或服务）付款并选择适当的付款方式。按理说，人们在选择这两个问题的答案时应当不会有明显的差别。

但结果表明，在实验一里，大部分人选择了付款方式 B；而在实验二里，大部分人选择了付款方式 A。这种“有悖常理”的现象该如何解释呢？

行为经济学家认为，人们在管理心理账户的收支时，总是喜欢将消费的成本与收益直接对应，即所谓的“一手交钱、一手交货”原则。买电冰箱时，大部分人选择付款方式 B，就是因为这种方式能够让人们将购买电冰箱的成本和收益直接对应起来——电冰箱在今后的很长时间内能够带给人们生活便利，这样人们在使用电冰箱的过程中，每为电冰箱支付一笔钱，都会觉得物有所值。

但是在很多情况下，消费的成本和收益往往是分开的。前面的实验中，去海南旅游费用的支付和旅游过程的享受是完全分开的，无法将成本和收益进行直接对应，那么，在这种情况下，人们会如何进行判断呢？

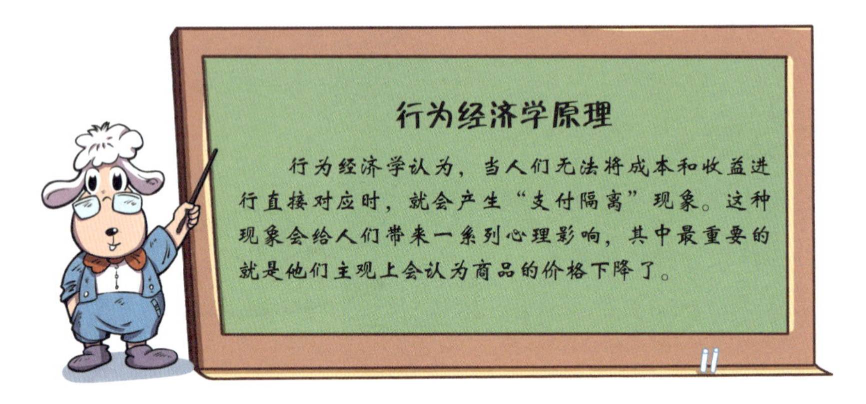

为了证实支付隔离现象的存在，曾有行为经济学家做过这样一个实验。

假设 5 年前，你花 20 元钱买了一瓶酒，现在这瓶酒的市场价格已经涨到了 75 元。那么，现在要喝这瓶酒，你认为你的成本是多少？

这位经济学家给出了 5 个选项以及实验参与者的选择比例，如下图：

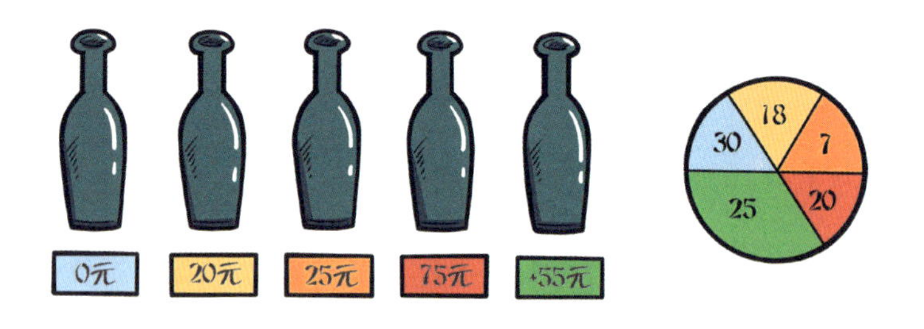

从经济学的角度来分析，正确答案应当是 75 元，但由于购买过程和消费过程被隔开了，人们无法对消费的成本和收益进行直接对应，于是就产生了支付隔离现象。受此影响，超过半数的人认为自己喝的酒是免费的甚至赚到了。

读者们可能有过这样的经历：你要去买一张 170 元的演出票，但演出由于天气原因被临时取消了，于是，你很有可能会花 150 元和同学出去吃一顿，而且还觉得自己“赚”了 20 元。这种心理就是源自心理账户带来的“支付隔离”。我们将预期在未来某个时点花出去的钱提前划在一个特殊账户中，并且将这个账户中的钱看作“准花销”。当这笔钱实际上并没有花出去时，就摇身一变成了“白给”的钱，我们对它的消费就会变得更加不节制。

“准花销”账户揭示的人们的非理性行为在生活中十分常见，虽然看上去自欺欺人，但是人们经常用这种想法为自己找继续消费的理由。

回到海南旅游的例子上，若人们提前预付了旅游款，则在“支付隔离”的作用下，他们已经不需要担心成本问题，在享受旅游过程时往往觉得整个过程是免费的；若选择延后付款，则他们在消费旅游产品时往往会想“我现在快活了，可完事之后还得给现在的快活还债”。于是，延后支付的成本会对现在的收益产生影响，即给人们的快乐打了个折扣。所以，从心理账户的角度综合来看这两种支付方式，人们选择提前支付旅游费用也就不足为怪了。

支付隔离现象不仅存在于预先付款的过程中，也存在于延后付款的过程中。比如我们之前提到的，人们喜欢用信用卡消费，不仅仅因为信用卡上的钱的心理价值比较低，还有一个重要的原因是用信用卡消费的购买过程和付款过程是分开的——支付隔离现象，使人们容易忽视商品本来的成本。

比较“一手交钱、一手交货”和支付隔离，我们可以发现：在前者的情境下，人们会对成本和收益进行严格的对应管理；而在后者的情境下，人们对成本和收益的管理几乎是完全分离的。事实上，现实生活中有很多经济现象是介于这二者之间的。在很多情况下，人们在

消费过程的一开始往往还能将成本和收益进行直接对应，后来就渐渐忘记了成本的存在，继而产生支付隔离现象。这个过程被行为经济学家称为“支付贬值”。

在现实生活中，支付贬值效应最为典型的例子就是各种健身俱乐部的年卡制度。通常，人们大多抱着天天去俱乐部锻炼身体的“美好愿望”购买了年卡，而且在购买之初，因为“一手交钱、一手交货”原则，人们也确实为弥补成本而经常去健身。但是，随着时间的推移，支付贬值效应开始慢慢显现，人们渐渐忽视了曾经支付的成本，去健身的次数越来越少。直到有一天，人们发现自己的年卡过期了，但身体还是要锻炼的，于是又到俱乐部购买了新年卡，开始又一个支付贬值循环。

下面，我们以大学生的收入为例，重点分析一下收入的划分，即收入账户问题。

如前所述，人们对大额账户都有依照惯例的预算约束，而拿到手上的福利就像奖金一样，可以放心地消费，不影响预算。同样的道理，奖学金也类似一种额外之财，花起来特别“自然”。经常可以看到这样一种现象：每年 10 月，学校里面和周围的餐馆的生意异常红火，主要原因是这时学生领到奖学金了。一个宿舍四个人中有一个得了奖学金，其余三个人是“饶不了他”的，总是会鼓动他请客。拿奖学金的人也会慷慨解囊。但如果这笔钱不是奖学金，

父母给的钱

打工报酬

奖学金

而是开学之初父母给他的生活费，他无论如何也不会这样大方的。前面讲过，同样的 100 元，是工作挣来的、中彩票赢来的，还是路上捡来的，对消费者来说应该是一样的；但一般来说，人们会把工作挣来的钱存起来舍不得花，而把意外之财很快地花掉。

现金流模式不同导致消费差异，这与预付商品的沉没成本、支付贬值、支付隔离是对应的。打工报酬和奖学金实际上都是学生通过个人努力得来的，都需要花精力和时间，因此这两种金钱的来源应该是相似的，应该获得同等的重视。然而，为什么大学生花起奖学金就大手大脚呢？其原因可能是，奖学金是学期中一次性给付的，把勤奋行为与收益隔离了，学生拿到奖学金的时候，并不会认为这是自己一天天刻苦学习的回报。但是，按次、按月拿到的家教费和工资，却不会产生这种隔离，学生会自然地把工资与自己在此阶段的辛勤劳动联系起来，从而加大这笔金钱背后的成本。

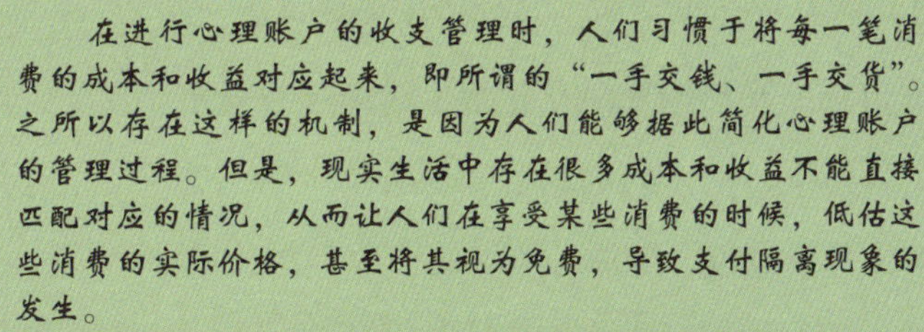

行为经济学原理

在进行心理账户的收支管理时，人们习惯于将每一笔消费的成本和收益对应起来，即所谓的“一手交钱、一手交货”。之所以存在这样的机制，是因为人们能够据此简化心理账户的管理过程。但是，现实生活中存在很多成本和收益不能直接匹配对应的情况，从而让人们在享受某些消费的时候，低估这些消费的实际价格，甚至将其视为免费，导致支付隔离现象的发生。

而当人们购买一些需要较长时间进行消费的商品时，会存在支付贬值的现象。开始时，人们能够将消费的成本与消费过程匹配对应起来；但随着时间的推移，人们会淡忘原先的消费成本，从而忽视成本的价值。

扔掉挤脚的鞋

假设你买了一双鞋，在商店里试穿时觉得很合适，也很舒服。可是当你回到家，再次换上这双鞋时，觉得有些挤脚，而你又把购鞋发票弄丢了，不能到店里把鞋换成合适的鞋码，你该怎么办？扔掉吧，毕竟是花好多钱买来的，怎么能说扔就扔？继续穿吧，还没穿一上午，脚就磨出了个血泡。这种纠结的日子也许会持续很久，终于有一天，你会忍无可忍，将这双鞋扔掉。我们把买鞋这件事当作一个心理账户来看待，用行为经济学原理分析一下。买鞋时，我们付出了成本，期待通过穿鞋来获得收益，以弥补这个成本。但是，这鞋根本穿不了，我们的成本无法收回，经过长时间的纠结，终于选择将鞋扔掉。行为经济学家称这个过程为心理账户的关闭。在这个过程中，我们会经历或大或小的痛苦。像买鞋的钱这种无法回收的成本，我们称之为沉没成本。

关闭心理账户的现象在日常生活中还有很多。比如，股票市场上经常会出现一种情况：一个人购买了一只股票之后，这只股票连续暴跌，丝毫不见有可能反弹的迹象，即通常所说的“套牢”。这种情况下，这只股票的心理账户已经不能给我们带来收益，适时将其关闭是一个明智的抉择。但是，正如之前所说的，关闭心理账户会给人们带来痛苦，由于卖掉亏本的股票会给股民们心中造成痛苦，因此股民们形象地将这种行为称作“割肉”。

心理账户的关闭与在这个账户上的沉没成本有关，沉没成本的数额越大，关闭心理账户所带来的痛苦就越大。

情景一：如果你花了70元买了一张《长安三万里》的电影票。可是天公不作美，电影放映的当天下起了大暴雨，出行很不方便。那么，你还会去看电影吗？

情景二：如果你花了35元买了一张《长安三万里》的半价电影票。可是天公不作美，电影放映的当天下起了大暴雨，出行很不方便。那么，你还会去看电影吗？

事实上，这两种情景需要面对的抉择都是“现在有一张票，要不要去看电影”，而且如果是完全理性地去决策，在这两种情景下的选择应当趋向一致。但实验结果显示，人们在这两种情景下的选择大不相同：在情景一，更多的人会选择去看电影；而在情景二，更多的人会选择待在家里。

这个实验简单而明了地说明了沉没成本的数额对关闭心理账户的影响：在情景一，由于是全价购买的电影票，在看电影这个心理账户上，人们已经支付了70元的沉没成本，要关闭这个心理账户，人们会经历较大的痛苦，因此更多的人选择去看电影；而在情景二，因为电影票是半价的，在看电影这个心理账户上，沉没成本相对较小，关闭这个心理账户带来的痛苦也就较小，因而关闭它就显得容易许多，所以人们更倾向于选择不去看电影。

其实，心理账户的关闭不仅跟沉没成本的数额有关，而且跟沉没成本的支付时间有关。把上一个实验略作调整，进一步做一下调查。

情景一：你是一个战争影迷，当你得知《长津湖之水门桥》将上映时，你提前一周买好了电影票，票价70元。可是天有不测风云，电影放映的当天下起了大暴雨，出行很不方便。那么，你还会去看电影吗？

情景二：你是一个战争影迷，当你得知《长津湖之水门桥》将上映时，你提前两天买好了电影票准备去一饱眼福，票价70元。可是天有不测风云，电影放映的当天下起了大暴雨，出行很不方便。那么，你还会去看电影吗？

在这两种情景下，花的钱都是一样的，即在看电影这个心理账户上的沉没成本是一样的。按理说，这两种情景下，大家的选择应该一致。但是实验结果仍然显示：在情景一，更多的人选择不去看电影；而在情景二，更多的人选择去看电影。

行为经济学家的解释是：人们对沉没成本价值的估计会随着时间的推移而减少。也就是说，时间越长，人们心理上沉没成本的价值就越低，从而关闭心理账户带来的痛苦就越小，关闭心理账户也就越容易。这个例子里，电影票价格（即沉没成本）一样，但由于支付时间不同，导致时间长的沉没成本在人们心理上贬值了，因而相较于刚买电影票的那些人来说，提前买票的人更容易放弃去看电影。

行为经济学原理

人们往往会关闭那些不能给自己带来快乐和收益的心理账户，比如扔掉一双挤脚的鞋、卖掉一只被套牢的股票等。关闭心理账户会给人们带来痛苦，因而并不是一件容易的事情。

关闭一个心理账户的难易程度取决于该心理账户上沉没成本的数额和支付沉没成本的时间。沉没成本数额越大，关闭该心理账户就会越痛苦，因而也就越难关闭它；而沉没成本的支付时间越长，其心理价值就会越低，关闭它带来的痛苦就会越小，因而也就越容易关闭这样的心理账户。

好消息与坏消息

前面我们介绍了心理账户的很多具体机制及其对应的应用。这些内容或多或少跟“钱”有关。事实上，心理账户的作用不仅仅限于日常的个人财富管理，在很多别的方面也能看到心理账户的作用，痛苦与快乐的管理就是其中之一。

假设你有两种得到零花钱的机会：一种是一次性获得 75 元；另一种是先获得 50 元，过一段时间再获得 25 元。你会选择哪种？

假设你不小心丢了钱，现在有两种丢钱的可能情况：一种是你发现自己丢了 75 元；另一种是你先发现自己丢了 50 元，不久之后又发现自己丢了 25 元。你会选择哪种？

上面两个实验的两种情况在会计学上是完全等价的。如果人们完全理性地进行决策，那么这两种情况是无差异的。但实验结果表明：在实验一，大部分人选择分开获得这 75 元；而在实验二，大部分人选择将这 75 元一起丢掉。这又如何解释呢？

行为经济学家的解释是：人们有时按照时间的先后而不是收入和消费的种类来建立心理账户。以实验一为例，在这个例子中，分开获得的零花钱被分配到两个心理账户中，而一次性获得的零花钱则被存于一个账户中。这些心理账户的标签是相同的，所以金钱在这些账户中的价值尺度（注意，不是价值）也是相同的。由于存在敏感度递减效应，一个账户里的 75 元的心理价

值量小于两个账户里的 50 元和 25 元的心理价值量之和。也就是说，人们之所以更多地选择分开获得 75 元，是因为这能给人们带来更多快乐。同理，在实验二，人们之所以选择将 75 元一起丢掉，是因为这样的选择带来的痛苦相较于分开丢失要小一些。

跟团旅游同样如此，先付清旅行所有的费用，与先付一部分钱然后每次门票费再另付两种情况，在路线、费用都一样的情况下，消费者对旅游的感知舒适度完全不同。前一种情况下是怎么玩怎么高兴，因为钱已经付了；后一种情况下人们的情绪变化会比较大，因为总在掏钱。因此，千万不要让痛苦分阶段，既然痛苦不可避免，就应让痛苦一次到位，剩下的全都是快乐。

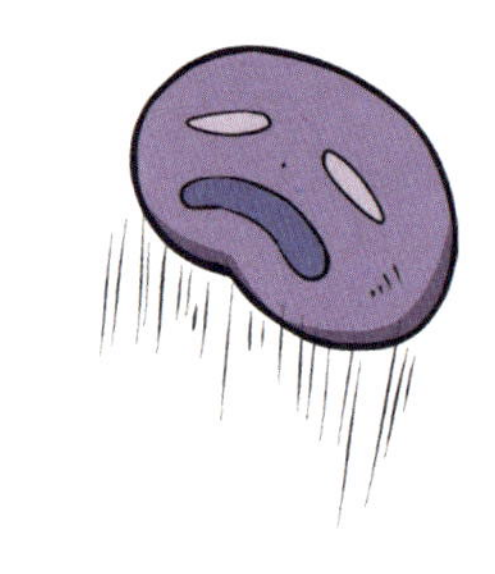

这个原理在日常生活中有着重要的应用。比如，客户看房时，售楼小姐总是把房子的缺陷一次性告诉你，之后再像挤牙膏一样把房子的优点娓娓道来。而不是把房子的优点一股脑地告诉你之后，一会儿说“这个房子这个地方有点毛病”，一会儿又说“其实这个地方也有点问题”。这样做的道理就是：把房子的优点分开来介绍，能够最大化客户对房子的正面评价；而把房子的缺陷一起和盘托出，能够最大限度地降低客户对房子的负面评价。因此，采用这种销售方式，更容易使购房者“上钩”。

行为经济学原理

由于心理账户时间划分机制的存在，在对待总量相同的获得（或损失）时，分开获得（或损失）和一起获得（或损失）的心理感受是不一样的。具体来说，分开获得能够让人们得到更多的快乐，而合并损失则能减轻人们的痛苦。

针对这种现象，行为经济学家理查德·塞勒提出了著名的“快乐痛苦四原则”。

- 如果你有几个好消息要发布，那么应该把它们分开发布。比如，给人送两件以上的生日礼物时，不要把所有礼物放在一个盒子里，而应该分开包装；假如你是老板，给员工一次性发 5 000 元奖金，不如先发 3 000 元，再发 2 000 元。

- 如果你有几个坏消息要公布，那么应该把它们一起发布。比如，今天你钱包里的 2 000 元丢了，还不小心把妻子花 2 000 元买的手机弄坏了，你应该把这两个坏消息一起告诉她。

- 如果你有一个大大的坏消息和一个小小的好消息，那么应该分别公布这两个消息。这样的话，好消息带来的快乐不至于被坏消息带来的痛苦抵消，人们还是可以享受好消息带来的快乐。

- 如果你有一个大大的好消息和一个小小的坏消息，那么应该把这两个消息一起告诉别人。这样的话，坏消息带来的痛苦会被好消息带来的快乐冲淡，负面效应也就小得多。

塞勒画像

“快乐痛苦四原则”在人们对风险的选择上给出了很好的解释。但是，这一理论能否涵盖人们对风险的所有决策呢？为了观察风险选择结果的影响，我们设计了这样一个实验。

分别面临失去10元和得到30元两种情况，你各有两种选择：一是让事情一次发生，二是让事情分两次发生。为了让自己更快乐，你会怎样选择呢？

实验结果表明，当面临得到30元时，人们倾向于分两次得到，这与我们总结的规律是相同的。但令人惊讶的是，当面临失去10元时，人们依然认为分两次失去是个不错的选择。这似乎彻底颠覆了我们之前得出的结论，即两个坏消息应该一起告诉别人。这又该如何解释呢？

其实道理也很简单。人们希望把损失合在一起的直觉，是因为损失的效用函数是敏感度递减的，再一次失去会减少它的边际影响。可是为了回避损失，人们总是认为现在的损失比以后的损失更让人痛苦。也就是说，不能简单地把损失合在一起发生，而是应该把它们分开，因为人们总是倾向于把令人厌恶的损失无限期地延后。

把这条新得到的规律与上面我们总结的原理综合在一起，可以很好地说明人们对损失的感觉：人们总希望得到小小的惊喜，而总是尽量回避损失，实在不行才把痛苦合在一起面对。

生活小贴士

去旅游时，有些人会感觉跟团走能省不少钱，于是玩得很尽兴，原因就是一次性付清了费用，不用再加钱；如果是自由行，那么需要付费的地方多且杂，可以说每次付费都是一次“割肉”，都是痛苦的煎熬。两者比起来，即使花了同样的钱，消费时的幸福感也是不一样的。这就是本章介绍的行为经济学中一个重要的理论——心理账户理论。所谓心理账户，是指在日常经济生活中，人们并不是将所有的财富放在一起进行统筹管理，而是会划分不同的心理账户，将不同的收入和支出分门别类地放入不同的心理账户中进行管理。人们之所以会设置心理账户，是因为这种机制能够帮助个体在进行个人财富管理时节省心理资源，即所谓的心理捷径。

心理账户具有很多重要的机制。比如，在价值认识上，人们会给不同的心理账户贴上不同的标签；不同的标签下，等量的钱在不同心理账户里的价值是不同的。在收支管理方面，心理账户倾向于“抓大放小”。在收入方面，人们会储存大笔的收入，花掉小笔的收入；在消费方面，人们会控制大额消费，却不在意小额消费。在财务预算方面，人们会给不同的心理账户设置不同的财务限额，而且这些财务限额往往与财富总量无关，在这种机制下，人们会进行“预算控制”。在心理账户的收支管理上，人们习惯于“一手交钱，一手交货”，但是当这种情况无法实现时，往往会产生“支付隔离”或“支付贬值”现象。如果一个心理账户不能给人们带来收益，人们就会关闭这个账户，但是关闭心理账户会给人们带来痛苦。具体来说，关闭心理账户带来的痛苦大小取决于该心理账户上沉没成本的数额和支付时间。最后，我们还介绍了重要的塞勒“快乐痛苦四原则”。

心理账户在日常生活中发挥着重要的作用。它给人们带来了一些有益的影响，可以让人们做出有益的经济行为，比如为长期目标储蓄等；但是，它也会使人们的认识产生偏差，比如轻视赌场的钱、刷卡成癖，等等。那么，要怎样做才能让心理账户机制给人们带来更多的收益，同时尽量避免它使人们产生认识偏差呢？以下几条建议供读者们参考：

第一，金钱无贵贱。

这是避免心理账户造成各种偏差的第一步。要时刻谨记：不管是中彩票的奖金，还是老板发给你的工资，只要是进入你账户的钱，都应当一视同仁。如果已经习惯于挥霍那些你认为“不值钱”的钱，那么从现在开始，每当你要挥霍它们之前，先问自己这样一个问题“我要是只通过工作的话，多久才能赚到这么多钱”，渐渐地，你就会正视这些钱的真正价值，从而控制自己挥霍它们的欲望。

第二，不要把一些钱看得太重，舍不得拿出来投资。

你不是生活在经济倒退的国家，而是生活在经济蓬勃发展的中国。只要合理地进行投资，你的财富增长就会比存在银行快得多。钱只有流动起来才能创造价值，存在银行里的钱不会增值甚至可能贬值，即便是在重要的应急账户里的钱也是如此，当财富总量增加的时候，你还怕自己没钱花吗?

第三，见林也见树。

在进行一笔大额消费时，要时时刻刻注意那些附加的消费，避免犯敏感度递减的错误。比如，当你购买新房时，要问问自己“到底有没有必要换新家具”“如果没有搬家，我会选择购买这套音响吗”之类的问题。这样，你在这些消费上会慢慢趋于理性。

第四，养成存钱的好习惯。

每当你获得一笔“小钱”的时候，记得先将它们存到银行账户里，而不是急着花掉。毕竟，你不是公司的大股东，没有什么“大钱”可赚，如果连“小钱”都存不住的话，再美好的财务规划都是一句空话。

第五，学会算账和记账。

在你习惯性地花一些小钱，比如买烟、买酒、买口香糖等时，要问问自己“照这样的消费速度，一年要为这项消费支付多少钱”之类的问题。你会发现这些小额消费的本来面目，控制小额消费，才有利于财富积累。同时，要具备初步的记账知识，方便将自己的支出和收益一一对应，避免“支付隔离”和“支付贬值”的偏差。

第六，时刻记住“当断不断，反受其乱”。

对于那些需要关闭的心理账户，不要过多地留恋，“快刀斩乱麻”才是上策，拖延越久，你会越纠结、越难受。

第二章

保守与冒险
——风险条件下的个人行为

阿莱斯画像

法国经济学家莫里斯·菲力·夏尔·阿莱斯（Maurice Félix Charles Allais）在20世纪50年代做了一系列的可控实验，下面我们分析其中一个典型的例子。

考虑投资机会A与B：

机会A会稳获5元；机会B会以60%的概率获10元，40%的概率一无所获。大多数人会选机会A。

再考虑投资机会C与D：

机会C会以30%的概率获10元，70%的概率一无所获；机会D会以50%的概率获5元，50%的概率一无所获。

这时，上述在机会A与机会B中偏好机会A的大多数人又会选机会C。

其实，机会D是0.255×A，而机会C也是0.255×B。显然，人们在机会A和机会B之间的选择与在机会C和机会D之间的选择产生了不一致。

上面的实验表明，风险条件下的决策结果明显违背了传统经济学中期望效用理论的预测结果。这就是著名的“阿莱斯悖论”，它指出风险下的决策偏离期望效用理论这一事实。阿莱斯由此获得了1988年诺贝尔经济学奖。

卡内曼画像

经济学家丹尼尔·卡内曼和阿莫斯·特维斯基（Amos Tversky）从解释行为的角度出发，利用实验结果及有效的分析，发展了“前景理论”，对“阿莱斯悖论”进行了解释。

概括起来，前景理论的主要观点有四点：

第一，人们不仅看重财富的绝对量，更看重财富的变化量。与投资总量相比，投资者更加关注的是投资盈利或亏损的数量。

第二，当面临条件相当的损失前景时，人们更加倾向于冒险赌博（风险偏好）；而当面临条件相当的盈利前景时，人们更倾向于实现确定性盈利（风险规避）。

第三，一定量的财富减少所产生的痛苦，与等量财富增加给人带来的快乐不相等。前者大于后者。

第四，前期决策的实际结果影响后期的风险态度和决策。前期盈利可以使人的风险偏好增强，还可以平滑后期的损失；而前期的损失则加剧了后期亏损的痛苦，人的风险厌恶程度也相应提高。对于投资者来说，从现在的盈利或损失中获得的效用依赖于前期的投资结果。

特维斯基画像

作为行为经济学体系的基石，前景理论的重要性堪比相对论之于现代物理、集合论之于现代数学。可以说，至少一半的行为经济学理论或多或少地与前景理论相关，而只有掌握了前景理论，才能真正算是入了行为经济学的“法门”。

本章我们将会对构成前景理论大厦的各个要素逐一进行介绍，并在最后对它们进行整合，从而将一个完整的前景理论展现出来。

第一节 给决策找一个标杆——参照依赖

度量世界的标杆

谁在逆行

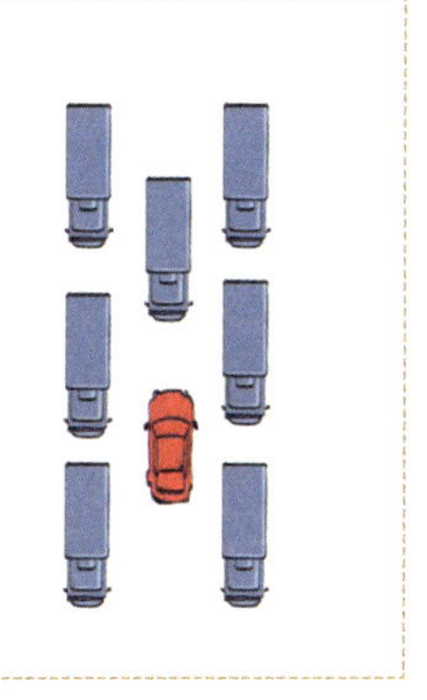

丈夫驾车出门。妻子在家听广播，听到一则报道，连忙拿起电话：“老公，我刚听广播里说，高速公路上有一辆车在逆行，你千万要小心啊！”丈夫：“哪是一辆车？我看有好几百辆车都在逆行！”

这虽然是一则笑话，却非常生动地说明了参照物不一样，结果完全不一样。

日常生活中，我们无时不刻不在度量周围的世界，并以此作为自身决策的依据。但是，人们很少会在意自己度量世界的方法。一般来说，我们度量周围的世界主要依靠两种方法：第一种是绝对度量，比如用皮尺确定一段距离的长短，用称确定菜的重量，用温度计测澡盆里水的温度——通过这些度量手段，我们可以获得周围世界中的各种绝对量信息，从而为自己的决策提供参考依据。

但是，绝对度量有其局限性：第一，它太依赖于测量工具。日常生活中，人们很少会随身携带这些工具，这就为获得信息带来困难。第二，它只能测量一些看得见、摸得着、感受得到的信息（比如长度、重量、温度等），但生活中还存在大量无法用工具测量的信息（比如效用、幸福、快乐等）。面对这些情况，就得求助于第二种度量方法：相对度量。

相对度量的原理非常简单，即在度量一个事物之前先确定一个标杆。

与绝对度量的方法相比，相对度量的方法简便易行、可操作性强；更重要的是，它非常直观，可以让人们迅速建立起对客观事物的认识。举个例子。告诉一个人事物的绝对量“室内温度为 23 摄氏度”，他可能还是会一头雾水，不明白 23 摄氏度到底是冷还是热；而用相对度量的方法向他解释“从空调房一出去，立刻感到一股热浪扑面而来”，他就能心领神会“屋里真凉快”。

相对度量能很好地弥补绝对度量的第二个缺陷。假如你碰巧遇见一个多年不见的同学，之后向别人描述她现在的样子，就可以说“她现在比以前更漂亮了”。这个例子中的“漂亮”无法用绝对度量的方法来衡量，却可以很轻松地用相对度量的方法来描述。

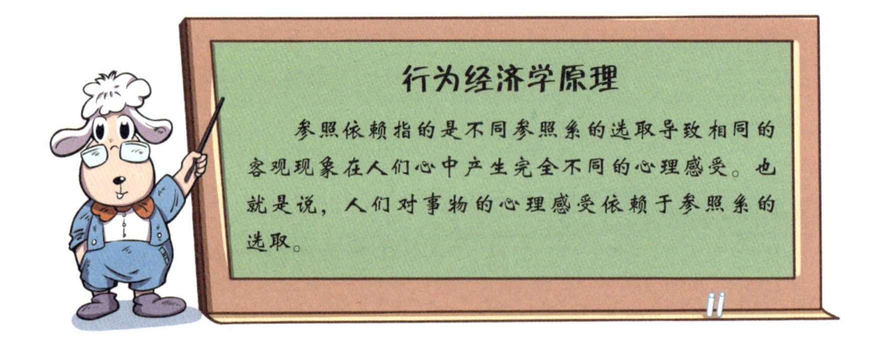

相对度量与绝对度量相比也有其不足之处，主要是度量精度不够。但不可否认，这是一种更加直观、方便、快捷和普遍适用的度量方法。相对度量的方法包含一个很重要的行为经济学思想，那就是“参照依赖”。

坐地日行八万里

在认识外部世界的过程中，“参照系”起到了至关重要的作用。那么，参照系是不是可以任意选取呢？不同的参照系对认识行为有什么影响？

相信读者对参照系的概念并不陌生。物理学中描述运动时，选取不同的参照系，所得到的物体的运动状态不同。比如，一个人在一张椅子上静坐不动一天，如果以地面为参照系，那么这个人这一天内是完全静止的；如果以地轴为参照系，那么这个人事实上围绕地轴转了一圈，运动路径总长达四万公里，正如毛主席的诗词中所说的“坐地日行八万里”。可见，不同的参照系决定了不同的物理学状态。

行为经济学的参照系范畴里也有类似的现象，即不同参照系的选取将导致当事人对同一事物产生完全不同的认识。

心理学中有一个“冷热水实验”：

参加者被要求将两只手同时分别插入一盆冷水和一盆热水中。待参加者稍微适应两盆水的温度后，再将两只手同时插入一盆温水中。这时，参加者的左手感觉到这盆温水是热的，而右手感觉到这盆温水是凉的。其中的原因是两只手形成了不同的温度参照系，面对相同温度的一盆水，就会产生截然不同的感觉。

行为经济学原理

日常生活中，人们更多地采取“相对度量”的方法来认识世界，即先确定一个“标杆”，然后对比要度量的事物和标杆以获得对该事物的信息与认识。这个标杆在认识过程中起到至关重要的作用，行为经济学称之为参照系。

“朝三暮四”还是“朝四暮三”

“朝三暮四”的故事大家都很熟悉，说的是狙公和猴子的故事。因为猴子不满狙公“朝三暮四”的早晚饭食分配，狙公改成“朝四暮三”才让猴子满意了。在庄周看来，猴子真是蠢得不能再蠢的一种动物，同样的七个橡子，早上给三个、晚上给四个，猴子就闹；早上给四个、晚上给三个，猴子就高兴了——这种把戏都看不出来，真是愚不可及。

按照传统经济学的理性经济人观点，从消费总效用（关于“消费效用”这个词，后文会解释）来看，“朝三暮四”与“朝四暮三”并无不同；但从行为经济学的角度来看，二者其实是有差异的。这是因为消费者普遍怀有参照依赖的思想，而且人们对同一事物的判断会随着参照系或参考值的改变而发生变化，其行为与反应也将发生相应的改变，并使其决策行为发生变化。

按照行为经济学中的参照依赖和参照系理论，我们分以下两种情况讨论这个经济现象：

情况一：如果猴子们目光短浅，那么它们将会从一天的开始来看待橡子的分配。也就是说，新的一天开始时，猴子们的肚子是饿的。以这个时候的状态为参照系，能吃到四个橡子肯定比吃到三个橡子惬意。

情况二：如果猴子们目光长远，它们会纵观整整一天的所得，虽然都是七个橡子，但是根据经济学原理，今天的一元钱要比明天的一元钱值钱。也就是说，早上的一个橡子要比晚上的一个橡子更好（当然，橡子不能像钱那样增值，而只能和机器一样“折旧”，姑且这么认为），那么站在一天开始时的参照系上，“朝四暮三”要比“朝三暮四”更有吸引力。

无论猴子们的目光是短浅还是长远，“朝四暮三”都能使它们获得最好的心理感受，即经济学中所谓的效用最大化。从这个意义上说，猴子们是对的。从这个事例可以看出，我们在考察经济现象时，不应只局限于绝对量的考察，更应注意到与参照系有关的各种“相对的”经济现象。

管理学里曾经有一个实验：将一些怀孕的女士请到大街上，让她们漫无目的地逛几个小时，回来以后问她们“现在街头怀孕的人多吗”，回答“多”的比例会高得惊人；而让一些男士同样去逛半天，回来时问他们同样的问题，他们却回答“没有见到几个”。这就是参照系的作用。怀孕的女士以自己为参照系，在街头会“扫描”每一个和她们“相同”的人，最后一个都“逃脱”不了；而男士缺少这样的参照，也就没有类似的结论。

人们在对某件事进行判断与分析时，在没有足够资讯作为决策依据的情况之下，通常会自行选取一个参照标准作为参考。大部分人都不会花费太多的时间和精力去注意其所处环境的特征，但对自己的现状与参照水平之间的

差异却特别敏感，而这种注重个人的小现状却忽略外在整体的大环境的做法，很容易产生因对事实疏忽而低估风险的情形。

第二节 损失 > 获得

得而复失，甚于不得

诸葛亮的得失论

《三国演义》里讲了这样一个故事：蜀汉建兴六年，丞相诸葛亮点齐雄兵三十万，协同赵云、魏延等名将，挥师北伐曹魏。当时，曹魏内部刚刚完成了一次权力更迭，魏文帝曹丕刚去世，即位的魏明帝曹睿屁股都还没在龙椅上坐热乎。诸葛亮的讨伐，让魏国上下乱作一团。惊慌失措的魏国君臣竟然任命纸上谈兵、庸碌无能的驸马夏侯楙为大都督，率领二十万大军前去抵御诸葛亮。

夏侯楙大人果然“不负众望”，刚一交战，就被蜀将赵云连斩五将，损失了很多兵马。接着，虽然在参军程武的建议下成功地将赵云困在凤鸣山上，却又被蜀军摆了道里应外合、内外夹攻的好戏，损失惨重。结果，夏侯楙带着仅有的几百残兵败将逃入南安郡城。

此后，蜀军在诸葛亮的指挥下一路高歌猛进。诸葛亮先后用计谋攻下安定、南安、天水三郡，赚得名将姜维归降。虽然放跑了夏侯楙，但是蜀国曾经生擒过他的事实足以让魏国上下颜面尽失。后来，在对阵接替夏侯楸的魏国大将军曹真时，诸葛亮又上演了骂死王朗、大破羌兵的精彩好戏。

魏国统帅部一看情况不妙，不得不起用之前被贬在家的司马懿。司马懿一出山果然非同凡响，先是擒住了叛将孟达，又协同名将张合，在街亭大破纸上谈兵的书生将军马谡。连一生唯谨慎的诸葛亮，也被逼得玩了一把心跳，上演了一出千古名戏“空城计”。至此，蜀军北伐的战略布局全被打乱，诸葛亮不得不下令全军撤退，而之前所得的三郡也尽归敌手。回到蜀中的诸葛亮依照军法挥泪斩了自己的得力干将马谡，并且自贬三级，以示惩戒。到诸葛亮行营宣召的费祎怕诸葛亮羞赧，安慰他：“蜀中的老百姓，知道丞相一下子就攻下了四座城池，都高兴得不得了。”没想到，诸葛亮脸色大变，说：“这是什么话！得而复失，与不得同。你这么祝贺我，反而让我无地自容，羞愧难当。”

重新审视这一事件，诸葛亮为什么说“得而复失，与不得同”呢？

纵观整个战争过程，虽然折损了马谡，但是也赚到了姜维，况且姜维之才倍于马谡。蜀军此战虽有伤亡，但是比之魏军应当算少的。更加上此战中诸葛亮生擒夏侯驸马，骂死司徒王朗，更是“大名垂宇宙”。可以说，整场战争下来，蜀国不但不赔，而且还有小赚。但是，从诸葛亮事后的反应来看，他对战争的结果感到十分沮丧，这从他自贬三级以及和费祎的对话里不难看出。那么，这又是为什么呢？

行为经济学的理论可以解释诸葛亮的沮丧情绪。行为经济学认为，不同的参照系，同样的结果会导致截然不同的感觉，产生不同的状态——好于参照系的状态我们称之为“获得”，差于参照系的状态我们称之为“损失”。损

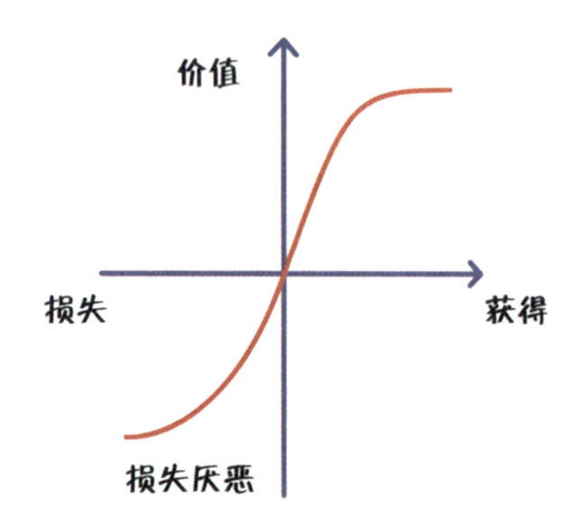

失和获得的大小是通过它们与参照系的差额来衡量的。

左图清晰地说明，丢 100 元钱所带来的痛苦（负价值）要大于捡到 100 元钱的快乐（正价值）。这条不对称的 S 形曲线清楚地说明了这一点。

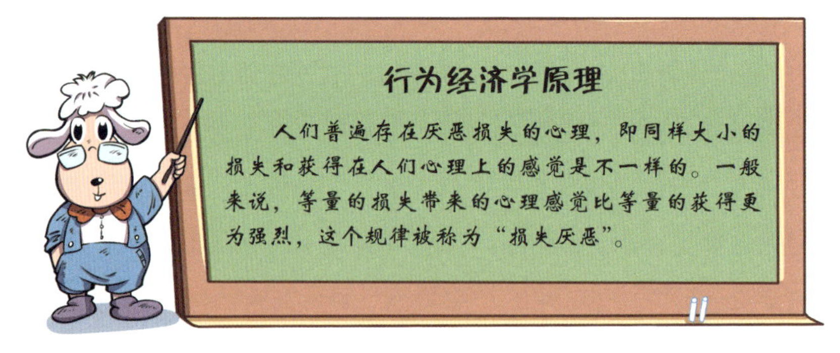

上面《三国演义》的故事中，虽然诸葛亮得三城又失三城，得损相抵，但是由于损失厌恶心理的存在，诸葛亮还是会觉得沮丧；虽然失了马谡得了姜维，还能算小赚，但是由于更强烈的损失厌恶心理，诸葛亮也并不感到高兴。从这个意义上说，得而复失，甚于不得。

金窝银窝，不如自己的草窝

有个成语“敝帚自珍”，意思是人们对家里用旧的破扫帚都格外珍视，舍不得扔掉。后来，这种现象又多了个通俗化的说法，即“金窝银窝，不如自己的草窝”。现实生活中，我们经常在爷爷奶奶辈的家里发现各个年代的“文物”，从发不出声音的熊猫牌收音机，到几十年没转过的飞人牌缝纫机；从少了个柜门的民国破家具，到缺了个轱辘的飞鸽牌自行车……不一而足。可以说，“敝帚自珍”成了那一代人生活习惯的代名词。

为了证实这种“敝帚自珍”心理的普遍存在，行为经济学家进行了一个实验。

实验的参加者被分为 A、B 两组。给 A 组成员每人发一个杯子，告诉他们这个杯子归其所有，他们要做的就是在现场将杯子以某个价格卖掉或者将杯子带回家。B 组成员可以选择得到一个相同的杯子或者一笔钱。

实验结果非常有趣：A 组成员中选择将杯子卖掉的人，平均卖价是 7.22 元；B 组成员中选择要钱的人，平均要求数量仅为 3.22 元。这说明，人们一般会觉得，自己的杯子是贵的，别人的杯子是便宜的。由于 A 组成员已经获得了一个杯子，他们的“参照点”被设定在“我拥有一个杯子”上，将杯子卖掉，就意味着将要发生损失——确切地说，他们现有的物品被赋予了更高的权重。而 B 组成员的“参照点”则是“我没有杯子”，选择一只杯子意味着获得。A、B 两组成员所要求的“补偿金额”的差距，说明了等额度的损失和获得在人们心中不同的“价值分量”：人们对于损失的心理感觉要比等量的获得更为强烈。这个行为经济学原理，就是塞勒 1980 年提出的禀赋效应。

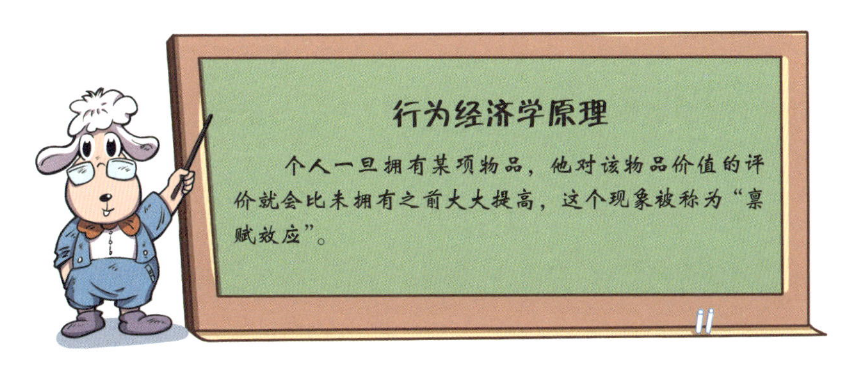

禀赋效应的发现具有重要的理论意义。在此之前，传统经济学认为人们为获得某商品愿意支付的价格和失去拥有的同样商品所要求的补偿之间没有区别。也就是说，个体作为买者或卖者的身份不会影响他对商品价值的评估，但禀赋效应理论否定了这一观点。

“表达的艺术”与框架效应

加油站的广告牌

一条街道的边上有一家小加油站，出于税务方面的考虑，加油站老板希望来加油的顾客用现金而非刷卡付账。他想出了一个方法，在加油站的门口竖起一个大招牌，上面写着“93 号汽油，现金 7.6 元 / 升，刷卡加收 0.3 元 / 升”。没想到，牌子一挂出，加油站的顾客立刻少了一大半。这可把老板急坏了。老板学营销专业的儿子知道了这件事，思考了一下，把牌子内容略作改动，变成了“现金折扣！ 93 号汽油，刷卡 7.9 元 / 升，现金只需 7.6 元 / 升”。很快，加油站的顾客又多了起来，而且更多的顾客开始用现金付账了。

这个案例中，开始的广告牌里用了“加”字，暗示消费者把 7.6 元 / 升定为参照价格，消费者肯定不愿意买 7.9 元 / 升的。后来改用的“折扣”，让消费者把 7.9 元 / 升定为参照价格，用现金买只要 7.6 元 / 升，这就非常吸引人了。也就是说，原先加油站的价格是与某种损失（加价）联系在一起的，是一个损失框架；修改之后，则是与某种获得（折扣）联系在一起的，是一个获得框架。不同的广告语产生了不同的框架，而不同的框架则影响了消费者对参照价格的选择，最终导致了两条广告语产生的效果不同。即使广告牌的实质信息在修改前后并没有发生什么变化，但是由于原先的广告语是在损失框架下传递信息，很容易引起人们的损失厌恶心理；修改之后，广告语变成了获得框架，因此倾向于获得的顾客又回来了。

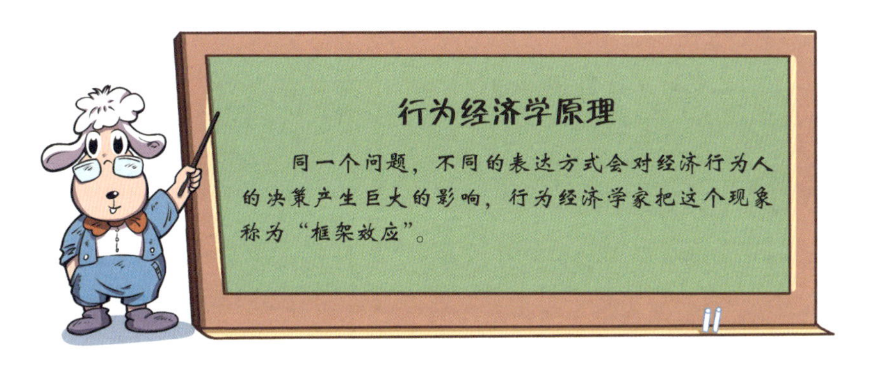

这里所谓的“框架”，是指一种特定的表达方式。人们的日常行为决策中为什么会存在“框架效应”呢？人们在不同的表达方式下会建立不同的参照系，在不同的参照系下，同样的结果在人们看来可能具有完全不同的心理价值，有些可能是获得，有些可能是损失。在损失厌恶心理的影响下，人们会规避导致损失的决策，而倾向于选择带来获得的决策。

疯狂的赌徒

影视作品中常常会出现这样一个场景：一个老实巴交的人出于某种原因进了赌场。开始他赢了钱，后来总是输钱。输了钱之后，他总是寄希望于下一把赢回来，但事与愿违，他又输了，不但没有挽回损失，反而带来了更大的烂摊子。他绝不会就此收手，而是会继续下注，期待翻盘；但是，翻盘成功的结果在“剧本”里是绝对不会出现的。于是，他输的钱像滚雪球一样越滚越多，最终百万家产化为乌有，他只剩一条裤衩，流落街头，或者更狠，连裤衩都不剩，腰间围一张报纸就被赶出来了。

现实生活中不乏这样的例子。一个老实人——在经济学里我们可以称其为“风险厌恶者”，进了赌场之后，突然变成了偏好风险的赌徒，这种现象引人深思。

有一个实验验证了这种现象的存在。

情景一：被试面前已经有1 000元。A选择是肯定再得500元；B选择是50%的可能性再得1 000元，50%的可能性是一分钱也得不到。被试会选择哪一个呢？结果是，大部分人选择A，这说明他们是风险规避的。

情景二：被试面前已经有2 000元。A选择是肯定损失500元；B选择是50%的可能性损失1 000元，50%的可能性是一分钱也不损失。结果是，大部分人选择B，这说明他们是风险偏好的。

仔细分析一下，上面两个问题无论是概率上还是实际决策，其实是一模一样的。

由于风险规避和风险偏好的不同心理，让一个赢了钱的赌徒离开赌桌，要比让一个输了钱的赌徒离开赌桌容易得多，这都是损失厌恶心理在作怪。

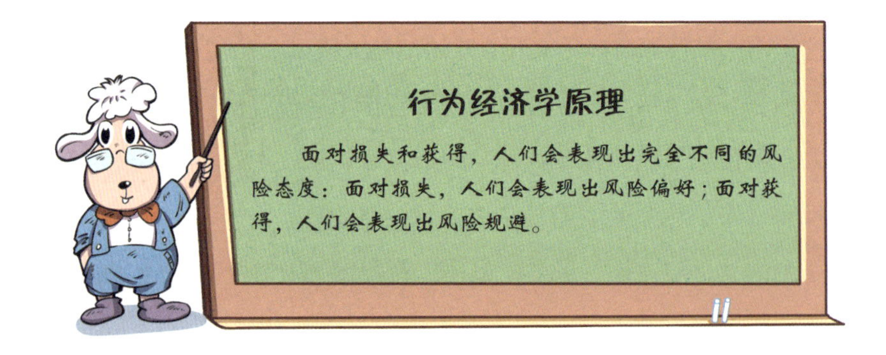

针对人们面对损失和获得的不同风险态度，行为经济学家做了大量的实验验证工作，下面选取最有代表性的一个。

假设一场突然爆发的疾病可能会夺去600人的生命，你将被授权对这一事态采取有针对性的措施。

情景一：采用A计划，则一定能救活200人；采用B计划，则有1/3的可能性救活所有人，2/3的可能性一个人也救不活。

情景二：采用C计划，则有400人一定会死去；采用D计划，则有1/3的可能性不死人，2/3的可能性600人全部死掉。

实验结果是，在情景一，大多数被试选择了A计划；而在情景二，大多数被试选择了D计划。事实上，这个实验的设计思路与上面的实验没什么差别，只是将“钱”变成了“人”，而两个实验的结果也是基本一致的。

以上实验不但与风险偏好的不一致性有关，还与前面介绍的“框架效应”原理有关。实验中，情景一是获得框架，而情景二是损失框架。所以，尽管最终的预期结果一样，但参加者却做出了完全不同的选择。

第三节 几何级和算术级增长——敏感度递减

钱，在什么情况下只是一个符号？

生活中，任何人都能轻松地分辨出一个樱桃（假设重5克）和一个苹果（假设重50克）的重量是不同的；但是，如果要一个人区分一台电视机（假设重 15 千克）和一个行李箱（假设重 16 千克）之间的重量差别，恐怕就不那么容易了。这个实例告诉我们，我们在感觉外部世界中两个不同事物的差别时，并不是直接感觉两者某个绝对量的差别，而是选定一个参照系后，感觉两者相对量的差别。

德国著名的生理心理学家恩斯特・韦伯（Ernst Weber）针对这一问题做了大量的研究。他发现，人们能感觉到的绝对差并不是恒定的。以感知重量为例，人们也许能分辨出 10 克和 11 克之间的差别，但是也许分辨不出 1 000 克和 1 001 克之间存在差别。

韦伯通过进一步研究还发现，人们能够感觉到差距的最小量——心理物理学称之为“最小可觉差”——与要比较的重量成正比。举个例子，如果人们能分辨 10 克和 11 克之间的差别，那么，面对 1 000 克的物体时，只有当重量增加到 1 100 克时，人们才能感受到差别。这个规律叫作韦伯定律。

韦伯的学生费希纳（Fechner）在韦伯研究的基础上，又做了大量的实验研究和理论推导，提出了一条著名的定律——当外界的量呈几何级数增长时，人们内心的感觉仅仅呈算术级数增长。也就是说，客观量越大，我们对它的变化越不敏感。韦伯定律和费希纳定律合称“韦伯 - 费希纳定律”。

盖茨画像

韦伯 - 费希纳定律在人类感受客观世界的现实中已经得到充分证明。人类在感觉重量、长度、音量等物理量时，都有类似的现象。在感觉诸如财富等一些较为抽象的量时也是如此。比如，比尔・盖茨就说过“当你拥有 1 亿美元之后，钱对你而言就只是一个符号”。我们大多数人不是富翁，无从得知盖茨这句话到底是发自真心还是得了便宜卖乖，但从韦伯 - 费希纳定律的角度来看，这种感觉解释得通：拥有 1 亿美元之后，财富的增加带给人们的心理感受是非常有限的。因此，比尔 · 盖茨的“金钱符号论”在很大程度上是站得住脚的。

行为经济学家在韦伯 - 费希纳定律研究成果的基础上，提出了“敏感度递减规律”。

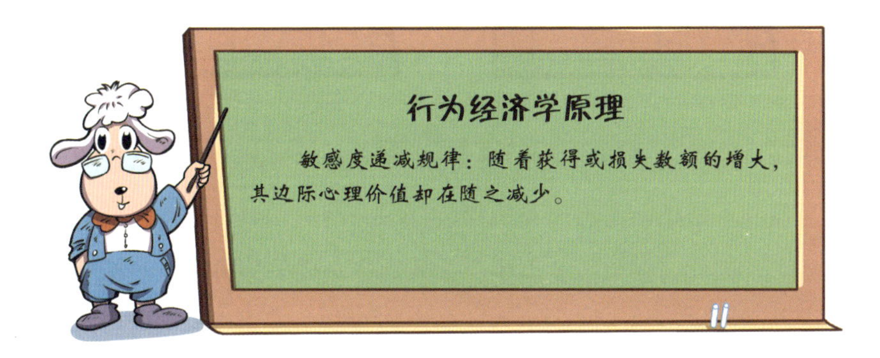

除了参照依赖与损失厌恶会影响人们的决策行为，敏感度递减也是影响人们决策行为的重要因素。在人的消费形态中，敏感度递减与边际效用递减异曲同工——两者都是从人的主观心态来判定其消费或使用某一物品以后，心里感觉到的不同满足程度的变化。一般而言，人们对于未来不确定事物的偏好，会随着当前所得水准的参照点而发生变化，两者距离越远或者间隔时间越长，其价值的边际效用就会越来越小，或者价值的边际变动越来越小。例如，10 元与 20 元的价值差别看起来就大于 100 元与 110 元的价值差别。

买哪款手表

一个人去商场买手表，刚好 a、b 两款手表都打折，a 手表的原价是

5 000 元，打完折后是 4 000 元；而 b 手表的原价是 2 000 元，打完折后则只需要 1 000 元。在这种情况下，绝大多数消费者会选择买 b 手表，因为他们觉得 b 手表的折扣较大。实际上，这两款手表打折前后的价格差额都是 1 000 元。这种现象的成因又是什么呢？

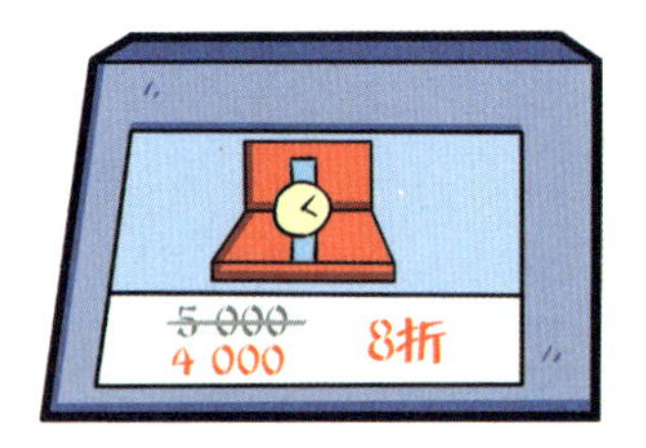

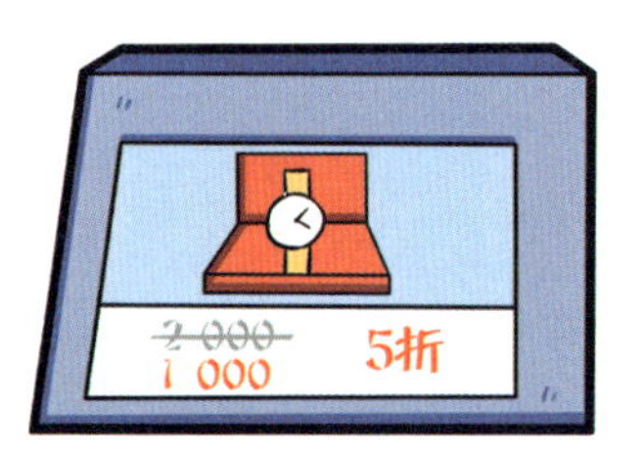

这个例子还揭示了一个重要规律：当商品价格较高时，消费者对价格变化的绝对值并不敏感；而当商品价格较低时，消费者对价格变化的绝对值则会敏感得多。因此，在市场竞争中，如果商家需要采用价格竞争策略，就要考虑到商品的基础价格。基础价格比较高的商品，需要更大幅度的降价才能显现效果；而基础价格比较低的商品，只需降价很小幅度就能收到奇效。

心理概率：一百万分之一和百分之一的区别

杞人忧天

《列子·天瑞》中记载了这样一则故事：杞国有一个人，每天不是担心天上会掉下东西，就是担心地面会塌下去，生怕这些灾难哪一天会突然发生，要了自己的小命。他因此而惶惶不可终日，吃不下饭也睡不着觉。

这则杞人忧天的故事虽已沦为笑谈，但现实生活中，各种版本的杞人忧天事件仍在继续上演着。比如，出了一次飞机坠机事故，很多人便开始担心飞机的安全性。其实，相较于其他交通工具，飞机毫无疑问仍然是最安全的交通工具之一，担心飞机失事的心理完全是现代版的杞人忧天。

然而，现代版的“杞人”在买彩票等很多事情上，却表现出“难能可贵”的“乐天”。

据悉，当前中国的彩民数量已经达到3亿，买过彩票的大约有7亿人。如此庞大的群体，“用膝盖想想”都知道彩票的中奖率低得可怜，中超级大奖的概率低到几百万分之一甚至几千万分之一，大多数彩民都是赔多赚少。

可是，广大彩民对此却浑然不觉，几乎每个人都幻想过明天中头奖的就是自己，那几百万分之一的概率摊到自己身上仿佛就变成了几十分之一甚至几分之一。退一步说，一生中中一次大奖不难，那么中两次大奖的可能性呢？针对彩票大奖获得者的调查显示，这些获奖者中，有75%的人认为自己还会中大奖。

针对以上现象，行为经济学的解释是，人们往往会高估低概率事件的发生概率，也就是给低概率事件一个大权重——即使人们知道这些事件发生的实际概率是多少，他们赋予该事件的“心理权重”也会大大高于实际概率。正如一位行为经济学家所说：“人们对于概率是如此迟钝，以至于一百万分之一和百分之一在他们看来没有什么区别。”

酒壮㞞人胆与侥幸心理

与前面介绍的对低概率事件的高估不同，人们往往会低估一些高概率事件发生的概率，也就是日常所说的“侥幸心理”。

侥幸心理在现实中的例子有很多，下面仅举一例。

酒后驾车

酒后驾车的危害恐怕地球人都知道，但酒后驾车的现象却是屡禁不止。一项调查显示，80%以上的驾车者都认为酒后驾车是危险的，但一小部分人上了酒桌就难以控制自己，觥筹交错之后，将对酒后驾车危害的恐惧全部抛之脑后，所谓“酒壮㞞人胆”，跌跌撞撞地爬上驾驶座，开始自己的“侥幸行车之旅”。

这些酒后驾车者认为，碰上查酒驾的概率低得很，更不用说出事故了。说实话，碰上查酒驾的概率可以不管，出事故的概率却不能不顾吧？但是，在侥幸心理的作用下，这些人觉得酒后驾车的高事故率仿佛就是别人的专利，到自己这儿压根就不可能发生。

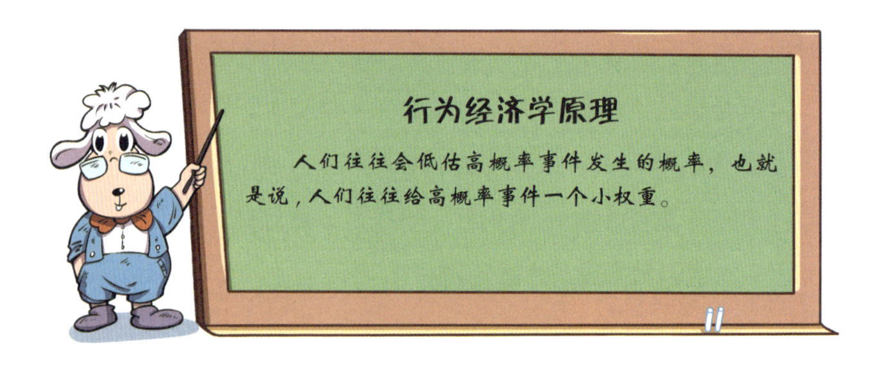

以上现象表明，人们倾向于高估低概率事件，同样倾向于低估高概率事件，后者就是我们所说的侥幸心理：像酒后驾车违章出事等从概率上看极易发生的事情，到了当事人那里就仿佛变成了不值一提的低概率事件。

生活小贴士

传统的经济学前景理论主要有两个：一个是“期望值理论”，就是计算各种不同决策选择的期望货币收益然后进行决策；另一个是“期望效用理论”，就是计算各种不同决策的期望效用然后进行决策。这两个理论都有其理论适用性，但是随着经济学的发展，也暴露出越来越多的问题。行为经济学家在大量科学研究的基础上，提出“前景理论”来解释人们如何在不确定条件下进行决策。

简单来说，前景理论分为两个部分：一个部分叫“价值”，就是人们如何评价一个结果。在价值评定的过程中，人们主要表现出三个特征，即前面所介绍的“参照依赖”“损失厌恶”和“敏感度递减”。另一个部分叫“决策权重”，就是人们如何看待一个事件发生的可能性。与客观概率相比，人们倾向于低估高概率事件发生的可能性，同时倾向于高估低概率事件发生的可能性。

现实生活中，任何决策都会有几种可能的结果，而人们对每种结果发生的可能性都会有不同的认识。这样，人们会综合各种结果的“价值”和每种结果发生的可能性（即“权重”）来评价决策的优劣，并从所有决策结果中选择自认为最好的作为最终决策。这就是前景理论的主要内容。

第三章

被营销改变的选择
——行为营销经济理论

生活中，每个人都会为商家形形色色的营销手段所影响，各类广告、促销无孔不入地植入我们的生活。可能你会说“我拒绝任何夸张的推销，也不会上商家的钩”。但事实上，在经受了某种适当的营销手段之后，消费者的选择框架可能已经发生了微妙的变化，而自己很难觉察。企业通过发现、创造和交付价值来满足一定目标市场的需求，从而获取利润。可以说，营销是一门研究人的学问，它与行为经济学有着千丝万缕的联系。

第一节 看上去很美

买哪杯冰激凌?

前面讲过，参照系无处不在，不仅贯穿于人们的生活之中，还植根于人们的心中。行为经济学的大量研究表明，人们通常不会过多留意所处环境的特征，而是对自己的现状与参照系之间的差别更为敏感。

来看一个冰激凌实验。

如图所示，有两杯冰激凌。

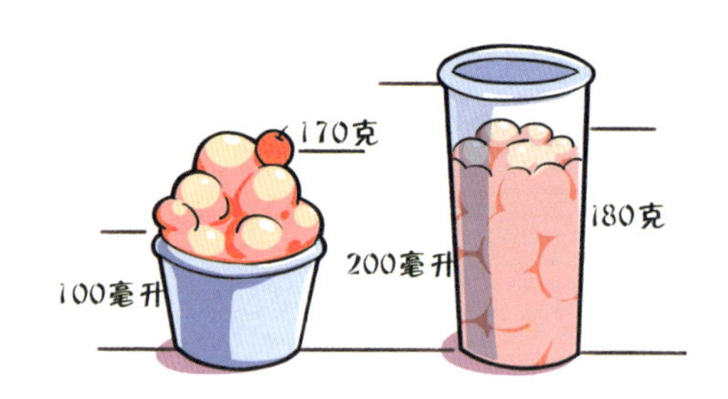

A 杯的容积为 100 毫升，内装 170 克冰激凌，看上去快要溢出来了；B 杯的容积为 200 毫升，内装 180 克冰激凌，杯子没装满。你愿意为哪一杯冰激凌付更多的钱呢?

实验结果是，平均来讲，人们愿意花 8 元买 170 克的冰激凌，却不愿意花 7 元买 180 克的冰激凌。这表明，在分别判断的情况下——也就是不能把这两杯冰激凌放在一起比较——人们有时的选择并不明智。这也符合日常生活中的情景，人们的种种决策所依据的参考信息往往是不充分的，比如人们反而愿意为分量少的冰激凌付更多的钱。

这个案例说明，人们在做决策时，很多时候并不是去计算物品的真正价值，而是用某个比较容易评价的线索来加以判断。也就是说，在这个冰激凌实验中，人们其实是根据冰激凌在杯里满不满来决定支付多少钱的。肯德基也存在同样的现象，常听朋友说买小包薯条最划算，事实上绝大部分人并没有一根根数过，不过是小包的包装物容量小，看上去薯条装得满罢了。

人们总是非常相信自己的眼睛，实际上目测是最靠不住的，聪明的商家就善于利用人们的这种心理，制造“看上去很美”的效果。正如前景理论所言，比起财富的绝对量，人们更加看重的是财富的变化量。用小杯装满冰激凌给人的感觉是买到的冰激凌量多于应有的，这是获得；而用大杯却没装满冰激凌给人的感觉是买到的冰激凌量少于应有的，这是损失。所以才会出现上面实验的结果。

行为经济学原理

“聪明女人”“倒”逛街。逛街的路线不一样，到达点的时间先后不一样，人们的选择也会完全不一样。比如在香港，从旺角往铜锣湾逛，到达铜锣湾后你会觉得什么都贵，可能最终什么也不会买；从中环往铜锣湾逛，到达铜锣湾后你会觉得什么都便宜，可能就会多买东西。于是，聪明女人总是拉着老公先去高档店。

当马路边密密麻麻地竖满广告牌时，路人往往会视而不见；但是，假如整条马路边只有孤零零的一个广告牌，大部分路人都会看上几眼。这是为什么呢？

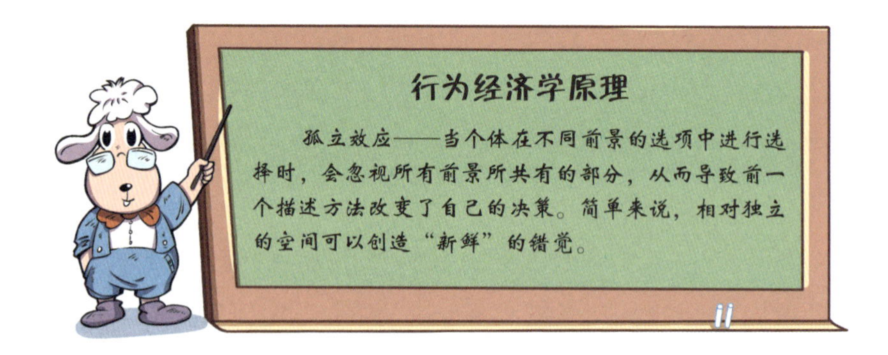

简单来讲，这是广告商在利用孤立效应制造突出的广告效果，可以使人们的注意力更加集中，从而忽视与其他广告所共有的部分——通常就是人们看腻的内容，让人们产生“新鲜”的错觉，从而广告商获得了更好的广告效果。

第二节 什么改变了你的偏好

你为什么选择中杯？

咖啡店的咖啡一般有大杯、中杯、小杯三种型号。很多人在购买时，明知小杯完全可以满足需求，但是在中杯和大杯价格的刺激下，最初的想法发生了改变，认为中杯是最划算的选择。大量的实验结果显示，人们经常会选择中庸之道而忘记真实需求。这就是著名的“中杯理论”。

来看一个有关消费者决策的实验。

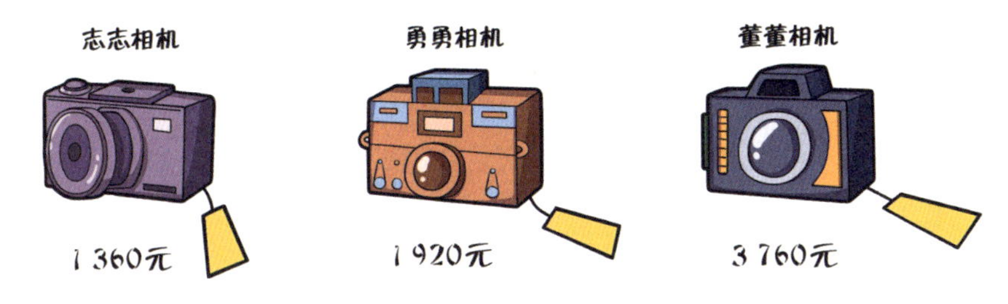

选择一

选择支	被选择比例（%）
志志相机	50
勇勇相机	50

选择二

选择支	被选择比例（%）
志志相机	22
勇勇相机	57
董董相机	21

从上面的实验可以看出，在一个选择集合中，人们往往倾向于选择更为中庸的选择支——本实验中的勇勇相机，而抛弃较为极端的选择支——本实验中的志志相机和董董相机。这种心理类似中国儒家文化中提到的“中庸之道”。我们将这种选择中间选项的行为解释为向极端选择支的妥协。

事实上，上面实验中的消费行为并不是理性的，而这种非理性行为又是不可避免的。因为人们在面对选择时，往往会持有中庸之道的态度，也就是所谓的“偏好妥协”。这就可以解释前面的中杯理论了。

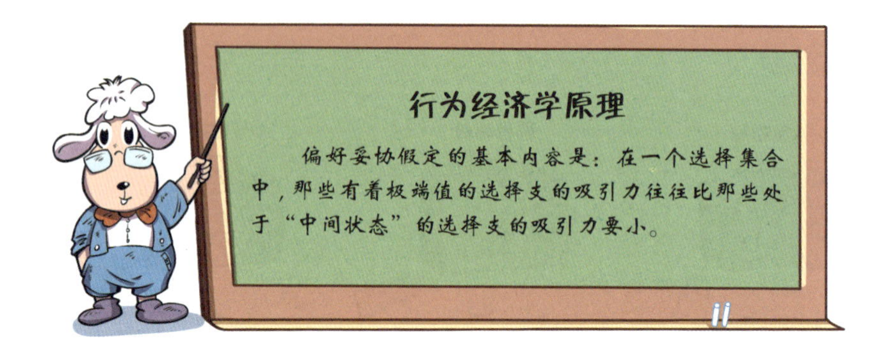

然而，在面对极端选择支时，人们一定会同时抛弃两个极端而选择中间选项吗？答案并非肯定。人们有时也会只“抛弃”某一个极端而保留另一个极端，我们称之为“单极化现象”。

再来看一个消费品市场的实验。

假定有三种不同的手机：廉价的志志牌手机——售价 240 美元，普通的勇勇牌手机——售价 365 美元，以及一种较为高档的董董牌手机——售价 890 美元。将这三种手机两两比较，它们的市场份额几乎都是五五开，没有明显的差别，现在将它们同时投向市场。

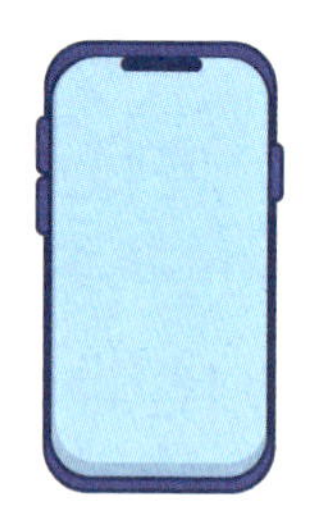

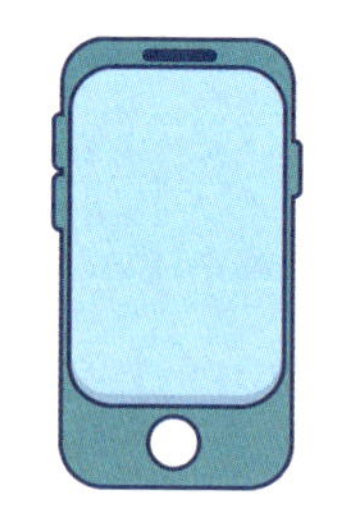

志志牌手机　240 美元　　勇勇牌手机　365 美元　　董董牌手机　890 美元

不同于前面提到的偏好妥协，两个“极端产品”中只有廉价的志志牌手机被市场抛弃，而代表最高消费水平的董董牌手机保持了原来的市场份额。

单极化现象构成了极端逆转现象，所以，在传统市场理论中，“人的偏好是客观的、稳定的、前后一致的”的结论是多么脆弱。我们完全可以通过不同的方法，让消费者不再喜欢以前喜欢的东西，对以前不喜欢的东西变得喜欢，其实这就是“偏好逆转”。

决策之前的影响

下面的实验中，参与者在两种相似的消费品中做出自己的购买选择。

被试被分为两组，核心任务都是从两种不同的轮胎中选出他们更愿意购买的品种。小组一的被试首先从 X1 和 Y1 中做出选择；完成自己的决策后，立刻进行第二次选择，这一次是从 X 和 Y 中做选择。与小组一不同，小组二的被试首先从 X2 和 Y2 中做出选择，紧接着也是从 X 和 Y 中做出选择。

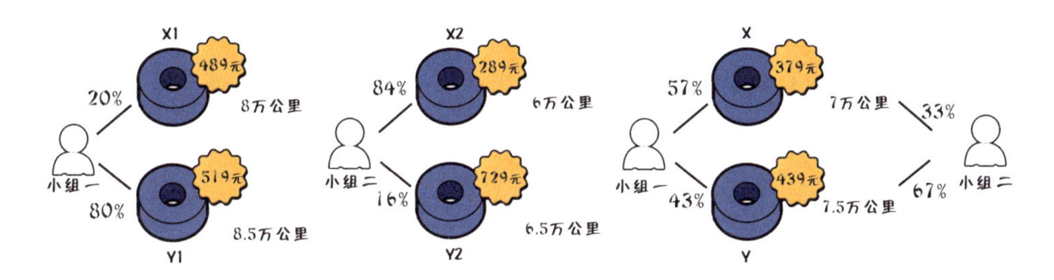

两组被试都是按照一定的科学方法随机筛选出来的，并且他们都参与 X 和 Y 这两种轮胎的取舍。两组被试所做出的选择应该大致相同；但是，实验结果恰恰相反。

结果显示，小组一中有 57%的人选择了 X，就是说在小组一中 X 更受青睐；但是在小组二中，更受青睐的变成了 Y，数据显示有 67%的人选择了 Y。

这一实验结果显然与人们“稳定、一致的”偏好假定背道而驰。其中影响和改变偏好最重要的因素之一就是背景关联。

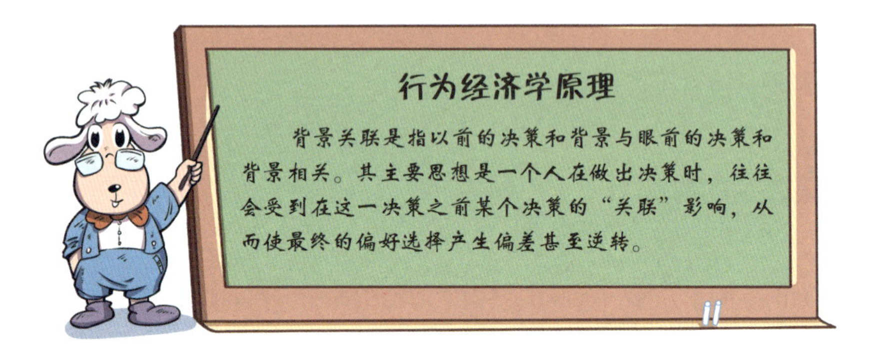

具体到上面的例子，要从这两个小组不同的实验进程分析。两个小组在进行最后的 X 和 Y 之间的选择决策前，分别做了两组不同的选择 X1、Y1 和 X2、Y2。先看看 X1、Y1 的数据。X1 的里程数比 Y1 少 5 000 公里，相应地价格低 30 元，通过简单的计算可以知道，每增加 1 元所能增加的里程数约为 167 米。再看看 X 和 Y 的数据结构，每增加 1 元所能增加的里程数仅为 83 米，远远少于 167 米。受前一次决策的影响，面对这样一个相对较“高”的“边际价格”，小组一选择里程数较少、价格较低的 X 轮胎就顺理成章了。与小组一相反，小组二首次选择 X2 和 Y2 两种轮胎，每多付出 1 元能够增加的里程数大约为 11.4 米，与第二次选择中的 83 米相比没有竞争力。面对一个相对较低的“边际价格”，小组二自然愿意多花一些钱来购买更多的里程数，因为他们觉得这是一桩划算的买卖。于是，看似无法理解的实验结果就这样顺理成章地产生了。

从上面的分析中可以看出，人们的决策过程往往会受到决策背景的影响，即一个决策人之前的决策会对他当前的决策产生影响。

第三节 悄悄改变的心理账户

告诉你生产过程的广告

“特仑苏”牛奶广告

不是所有牛奶都叫“特仑苏”。“特仑苏”源自蒙语，是“金牌牛奶”之意，来自和林格尔。内蒙古呼和浩特被誉为中国的“乳都”，和林格尔作为呼和浩特的高科技乳业基地，被誉为“乳都核心区”。北纬40°左右优质奶源带、1 100米海拔、年日照近3 000个小时、昼夜温差大等地缘优势，滋养12国精挑牧草，造就出富含天然优质乳蛋白的“特仑苏”牛奶。

蒙牛“特仑苏”牛奶虽然价格不菲，但一上市就受到消费者的追捧，不少人将其作为礼品送给亲朋好友，开创了“高档牛奶当礼送”的先河。

这则广告之所以成功，就是因为商家利用了交易效用、认知成本和参考价格之间的关系。商家通过广告中对产品生产过程的描述，向消费者灌输了产品生产成本很高的理念，无形之中抬高了消费者心目中可以接受的售价，从而商家得以成功实施高价和占领市场的策略。

行为经济学原理

参考价格指的是一般情况下人们买某件商品所能接受的价格，认知成本即消费者认为产品的可能生产成本，是参考价格中很重要的一种。

以旧换新优于打折

以旧换新的销售奇迹

某家电卖场位于J市，开业以来生意始终冷冷清清，推出打折等促销活动效果也不明显，卖场的林老板很是着急。一天，林老板偶然看到一则报道："据国家发展改革委公布的数据，目前我国家电保有量已超21亿台，2022年预计报废量超2亿台。相关家用电器行业深度报告显示，以2019年基数测算，空调、冰箱、洗衣机、电视机、热水器等五大品类，仅回收环节的直接产业规模就达到约250亿元。"

聪明的林老板敏锐地意识到这是一个商机。他在J市选取了一些居民区开展以旧换新活动。选择标准如下：

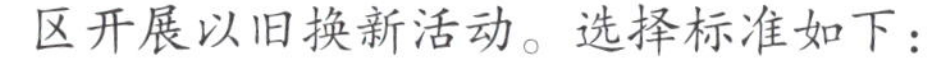

- 必须是10年以上的老社区；
- 人口结构老龄化；
- 消费水平中等。

活动如期举行。虽然以旧换新政策中每件旧家电可以冲抵的价钱十分有限，但反响很好：第一个月，市区三个卖场销售额合计突破30万元；

第二个月，其中一个卖场销售额已达 27 万元，超过该卖场另外两个品牌冰箱的当月销售额。半年过去了，林老板的家电卖场在J市起死回生，实现了销售 400 万元的奇迹。林老板提前完成了几乎全年的销售任务。

以旧换新成功的关键在于把沉没成本的暂留效应——使人们倾向于记得旧家电的成本，转变为支付隔离——使人们倾向于忘记旧家电的成本，帮消费者迈过了心里那道坎，做出了消费决策。

沉没成本是指由于过去的决策已经发生的，而不能由现在或将来的任何决策改变的成本，即已经发生的、不可收回的支出，如时间、金钱、精力等。

传统经济学中，沉没成本在消费者支出决策中是不应考虑的。比如买家电，当初买旧家电的钱是沉没成本，在考虑该不该买新家电时，应该只考虑新家电的价格（成本）与买了之后带给人的效用（收益）谁大谁小，而不应考虑旧家电的影响。但现实中常常存在这样的现象：旧家电已经过时，仍有不少家庭留着它们，不肯换新的，尤其是老年人和消费水平不高的人。这是沉没成本暂留给人们带来的影响。同时，人们又倾向于让先前的消费逐渐变得无关紧要。一张健身年卡 1 000 元，一次性支付了费用之后，每次去健身似乎就是免费的了，这是因为出现了支付隔离现象。

一件家电原价 1 000 元，打 8 折的消息出了好几个月销量也不见上升；换一种说法，价格 1 000 元不变，一件旧家电可以折价 200 元来换购，人们反而会欣然接受。很明显，两种情况的实际效用是相同的，差别在于人们的心理感受。

商家的举措可以为消费者找到一个很好的忘记沉没成本的理由，或者说，一个把原先的沉没成本“去成本化”的过程。消费者在顷刻间不是想着当年买旧家电的支出，而是稀里糊涂地把旧家电看成是“白给”的了——不仅白给，还能当 200 元钱用。

行为经济学原理

传统经济学的各类研究成果中，普遍认为财富能够增进人类的幸福。但是，行为经济学近年来的研究发现，财富和金钱既不是幸福的充分条件，也不是幸福的必要条件。可以说，拥有财富的多寡与是否幸福完全不相关。

供不应求为何还定价偏低?

一般而言，厂家的定价策略分为以下几种：

- 降价或折扣策略：出乎意料的降价尤其奏效，一些人甚至以收集打折消息为乐，即使打折店离家很远，自己也不惜跨越半个城区去买打折商品；
- 稳定价位策略：“我们承诺始终保持这一价格”；
- 高价或提价策略：有门槛的定价，强调只有少数人才买得起。

似乎每一种策略使用得当都会有很好的效果，为什么存在这样看似自相矛盾的定价策略呢?

行为经济学原理

任何一种商品从不同的方面看，其消费都有两种效用：一种是获得效用，另一种是交易效用。

获得效用是对商品价值的测量，与价格有很大关系；交易效用是指由于某次交易的发生，人们感觉到的价值变化。具体来说，就是实际交易中的价格与“参考价格”的差额。而参考价格指的是一般情况下，人们买这件商品所能承受的价格。

仔细观察不同定价策略的产生背景可以看出，降价或折扣策略多用在一般商品上，买便宜货能带来正的交易效用，因此降价会奏效；稳定价位策略多用在实力雄厚品牌的商品和柴米油盐等日用品上，人们习惯了它的定价，认为“一分钱一分货”，突然降价会使人们怀疑是不是商品质量出了问题，反而不敢去买，因此稳定价位是重要的；高价或提价策略多用在高档商品和高端私人社交场所中——只有拥有一定权力、财富水平的人才能进入——这也是炫耀的资本，因此这些商品采取高价或提价策略往往更能吸引潜在消费者。

当消费者购物时，通常把购买的物品看作所得，而把付出的金钱看作损失。对于同一件商品，人们往往在特定的地点（如度假胜地）、时间，或者特别需要时愿意付出更高的价格，因为参考价格定得高。而在传统的经济模型中，这种环境因素的影响并不在考虑范围之内。

交易效用的存在让市场发生了变化。有些商品因迎合了某些消费者特殊的爱好而产生了正的交易效用，这种情况下，无论商品多贵，消费者都不会打消买它的念头。而有些商品由于产生了负的交易效用，可能无法完成交易。

由于交易中的负效应作用，现实生活中往往存在一些明显供不应求的物品的价格却没有想象的高，甚至有被低估的“嫌疑”。比如，某剧院一场难得的明星演出，如果任由黑市交易，实际票价很可能攀升到票面价格的数十倍。那么，为什么剧院最初没有把票价定得更高一些？

对于这种现象的解释为：定价者担心产生负交易效用，消费者将会拒绝其他一些本来能达成的交易，比如剧院除了相对较少的明星演出，平时的演出也需要留住一些常客。如果一次交易定价过高，就可能产生强烈的负交易效用，一些常客甚至连平时的演出都不来看而转向其他剧院。

商家也很擅长利用人们的这种心理。比如，你发现一些明明标着“建议参考价”的商品却以低于该价格出售，你会不会心中窃喜，并且马上毫不犹豫地把它放进购物篮呢？商家设置这种参考价，是在给消费者提供一种公平价格的暗示。当实际价格低于参考价格时，产生的正交易效用会促使交易行为的发生。

“不满意全额退款”的秘密

“不满意全额退款”

号称世界第一行销大师的杰·亚伯拉罕（Jay Abraham）有一个著名的行销策略——不满意全额退款。亚伯拉罕曾建议一位汽车经销商提供一种为期两个星期、百分之百的“不满意全额退款”保证，新车旧车都适用，即客户买车两个星期之内后悔了，可以把车还给经销商，并且得到全额退款，经销商一个疑问也不会提。这个策略实施之后，该汽车经销商的生意增加了两倍。虽然有些人把车退回来了，但令人惊讶的是，他们中的大部分并不是来把钱讨回去，而是来换更高级的车型。

达美乐比萨第一次推出时，也采用了这种策略。商家声称：“又热又脆、鲜美多汁的比萨30分钟之内送到你家门口，否则免费。”达美乐是第一家而且是唯一一家可以实现这个承诺的比萨连锁店，它的独特卖点是如此杰出，由此在市场上称霸多年。

上面汽车的例子中，人们最初并没有体验过这个新商品，即商品对于消费者本人的决策没有任何额外影响。“不满意全额退款”策略降低了消费者接受汽车的心理门槛，人们觉得这个保证让他们购买汽车有条退路，反正不满意可以退款。在消费者这种心理暗示下，汽车就被卖出去了。

第四节 你是怎么被说服的

“先定一个小目标”与“先过分后让步”

A 和 B 关系一般，A 要向 B 借 100 元钱。直接说借 100 元不仅突兀而且一般人可能会嫌多，A 拟采用以下两种策略：

- 先说借 50 元，等对方同意之后托故再借 50 元；
- 先说借 200 元，对方不同意的话，假装退一步说借 100 元。

结果显示，不论采用哪一种策略，借钱成功的概率都会比直接借 100 元高。

心理学家查尔迪尼在为慈善机构募捐时，仅仅是附加了一句话——“哪怕一分钱也好”，就多募捐到了一倍的钱物。究其原因，就是从低要求开始，逐渐提出更高的要求。查尔迪尼分析认为，在对人们提出一个很简单的要求时，人们很难拒绝。当人们接受了简单的要求后，你再提出较高的要求，为了保持认识上的统一和给外界留下前后一致的印象，人们心理上就倾向于接受较高的要求。

上面例子中的第一种策略，又叫“登门槛效应”，先诱导对方接受容易达

成的小目标，然后顺势推波助澜一步步接近大目标。前一个小目标相当于设置了一个较低的参考点，从而缩小了目标与默认的参考点之间的差距，对方会更容易接受。

同样的现象在人们购物中也很常见。比如，一位女士买了一双靴子，就会想去买一条风格匹配的裙子，进而是帽子……而没有这双靴子，她单独做出哪一项消费决策可能都不会这么痛快。

第二种策略，可以命名为“先过分后让步”策略，先主动设置一个更高的参考点200元，100元与之相比更容易让人接受，所以能够达成目标。如果没有事先设置的200元基准，对方会将0（即一分不借）作为参考点，这样要达成目标就困难得多了。

行为经济学原理

完整性：传统经济学中，人们都是做出单一的消费决策，所谓的成本、效用都是针对一项消费而言的。但实际生活中，很多消费都是类似于“话赶话”的“花赶花”，花钱是连贯的、前后促进的。所以，不能单单考虑每一个决策，而应该考虑不同决策之间的配合带来的效用。

“循循善诱”的推销员

几乎人人都有这样的经历：在小区门口或者市场超市人流量最大的位置，时不时地会有品牌的推广展位开展促销活动，销售人员向你推销一件你可能永远都用不到的商品。一开始，你对这件商品根本不感兴趣，但是，随着推销员的“循循善诱”，你渐渐觉得“这玩意儿还真不错，我以后可能会用得着，价格也很划算”。终于，你掏腰包把这件商品买下。接下来的几天内，你可能因为新鲜感还会用一用这件商品，没过几天，你就会开始懊恼“为什么我会听那推销员的话，买了这么一件没用的东西”！

广告对我们的影响更甚于推销。思考这样几个问题：相较于可口可乐，你是否更偏好百事可乐，因为百事可乐的代言人里有你喜欢的某个明星？相较于其他洗发水，你是否对飘柔情有独钟，因为飘柔广告中女主角那柔顺的“瀑布长发”让你印象深刻？

不管是推销员还是媒体广告，总是能够在不经意间改变消费者对商品原有的看法。这种由于外在的诱导作用而导致人们看法改变的过程就是“说服”。

现实生活中，说服可谓无处不在。

那么，说服究竟是如何起作用的呢？行为经济学家通过研究，给出了说服起作用的两种途径：中心途径和外周途径。

人们在某种动机的引导下，有能力全面而系统地思考某个问题时，更容易被中心途径说服。日常生活中，中心途径说服的例子很多，一些电视直销广告就常常采用这种手段。某个问题厂家往往要长篇累牍地介绍自己产品的作用机理，还往往请一些用过产品的消费者现身说法。简单地说，说服的中心途径的机制就是“我觉得他说得有道理，所以我要买他的东西”。

而外周途径是通过一些直观的、清晰易懂的表达方式来进行说服，一般在被说服者不具有系统分析能力的情况下起作用。比如，“不要把所有的鸡蛋放在同一个篮子里”就比“你必须分散投资以避免风险”更容易让人接受。在一些论点无法通过中心途径进行说服的时候，说服者也会采取外周途径进行说服。之前介绍的百事可乐广告的例子，就是采用外周途径对消费者进行说服的。百事可乐广告中有很多充满活力的明星，消费者清楚地知道，这些明星的英姿与百事可乐的味道好坏没有任何联系，但不可否认的是，百事可乐的明星广告确实让消费者更多地购买它的产品。这就是外周途径的说服起了作用，即百事可乐的广告让人们产生一种直观的感觉：百事可乐看起来不错！于是，很多消费者选择购买百事可乐，而不考虑它是否真的比可口可乐好喝。

行为经济学原理

行为经济学家认为，当一些外在的诱导因素改变了人们对于事物的原有看法时，人们就被说服了。说服有好有坏，关键是看什么样的人、出于什么目的、通过什么样的手段来进行。说服主要通过两种途径：一种是中心途径，简而言之就是让被说服者感觉“听起来有道理”；另一种是外周途径，简而言之就是让被说服者感觉“看起来不错”。

练就三寸不烂之舌

前面我们介绍了说服的基本机制。那么，在现实生活中，哪些因素能够影响我们被说服的过程呢？

管用的“专家意见”

退休干部老李是一位不折不扣的养生“狂热分子”，他早上醒来要躺在床上“叩天钟”99 下，多一下不行，少一下也不中；起床之后要出门遛弯 999 步，少半步不干，多半步不迈……可以说，老李每天的生活都程式化了，哪一分钟干什么事都是板上钉钉的。老李从哪儿学来的这么一套养生理论呢？都是从报纸的“养生专栏”上看来的。老李对于各种专家的意见绝对是言听计从。

有一次，一位老战友说床的摆放方向跟养生有关系，老李不屑一顾：这世界上睡觉方向和专家说的不一样的人多了去了，也没见谁因为睡觉方向不对出什么毛病。老战友说服不了他。可是几个月后，这位老战友拿给老李一张报纸，报纸的“养生专栏”上刊登着一位专家关于睡觉方向和养生的意见。老李一看到“专家意见”，立刻就没了反对的声音，还一边看一边说：“原来是这样啊！怪不得我之前老觉得睡觉不舒服，正好你在这里，你帮我把这床再重新摆摆！”

同样的内容，老战友说服不了老李，但一张报纸上所谓的“专家意见”就能让老李深信不疑。行为经济学家认为，当同样的信息来自不同的说服者时，说服的效果是不同的。

具体而言，说服者身上的很多因素都影响了说服的效果，这些因素主要包括可信度、吸引力等。

所谓可信度，是指信息的来源看上去是否可靠。在一般人看来，专家的意见必然要比一个普通朋友的意见可信。所以，老李会更容易相信专家的意见而不相信朋友的说法。

除了信息来源的专业性，还有很多因素影响着信息来源的可信度。例如：

第一，表达方式的确信程度。人们倾向于认为那些语气肯定的人所传达的信息是真实的，而那些含糊其词的人所带来的信息则值得怀疑。比如，你买东西时，商家总是会告诉你“我卖的东西绝对没问题，肯定坏不了”，没有几个商家会对你说“我不大确定这东西以后会不会坏，但坏的概率应该不大吧”。肯定的说法更能增加商家的可信度。

第二，当被说服者感觉说服者并不是在说服自己时，他们往往认为信息来源更加可靠。在偷听到的信息和参加讨论会得到的同样的信息之间，人们更愿意相信偷听到的信息的真实性。这说明，当人们认为别人不是在故意说服自己的时候，其说的往往都是真话。

第三，当说服者站在自己利益的对立面进行说服时，往往更加可信。卖东西的时候商家常说：“从赚钱角度来说，我肯定希望你买 A 款，但是凭良心讲，A 款真的不适合你，很多功能你用不上，我还是建议你买 B 款，性价比高。”在这样的宣传攻势下，消费者往往认为商家真的是放弃了赚更多钱的机会，而是站在消费者的角度为他们考虑。

说服的“吸引力”，是指那些有吸引力的说服者更容易说服我们。有吸引力的说服者包括两类：第一类是有外表吸引力的说服者。这也解释了为什么广告商总是喜欢请那些光彩照人的明星而非相貌平平的普通人出演广告，尽管普通人出演的广告看起来可能更真实、更贴近一般消费者，广告费用也更低。第二类，说服者的吸引力还体现在“相似性”上，即我们更容易接受那些与我们相似的人的观点。

生活小贴士

企业的许多营销策略都能在行为经济学中找到理论支持。

企业通过形形色色的营销手段发现、创造和交付价值，以满足一定目标市场的需求，从而获取利润。可以说，营销是一门研究人的学问，它与行为经济学有着千丝万缕的联系。在本章中，我们介绍了一些与营销相关的理论。

首先，我们介绍了有关参照系的一系列理论，从中可以发现消费者的选择会因为参照系的变化而改变；其次，我们介绍了有关偏好的一系列理论，讨论了影响偏好的各种因素与效应；最后，我们列举了日常生活中常见的一些营销现象。

作为理智的现代消费者，我们不要为商品表面的假象所迷惑，人的感觉有时可能会非常不可靠。人们在做决策时，很多时候并不是去计算物品的真正价值，而是利用某种比较容易评价的线索来加以判断。

不要轻易受广告的鼓动而改变决策。广告总是会神不知鬼不觉地改变你做决策所使用的参照系，进而导致你对同一事物的判断发生改变，以至于行为和反应也发生相应的改变，钱包里的钱自觉自愿地哗哗外流。

消费者和厂商，也就是买者和卖者，永远是市场里博弈的对手。尽管买者都会自控和自我约束，但商家有的是办法给买者一些理由去违反自控规则，让买者不自觉却是情愿地“上钩”。这就是消费者的自控与商家的反自控。

每个人都会有一个大致的消费预算，人们应该通过制定严格的预算来解决自控问题，尤其是对非必需品或者奢侈品的消费；而对于商家，尤其是剧院经理、餐厅老板之类的人来说，他们总希望给消费者的自控限额“松松土”。

第四章

启发和偏差——什么影响了你的判断

股票市场存在一种误区："好公司的股票就是好股票"，实际情况却是"好公司的股票未必就是好股票"。一方面，公司的业绩好，未必会使其股票价格上扬，谷歌公司股票就是一例。谷歌的业绩一度持续增长，海外拓展也稳步推进，其市场领先地位并未改变。但是，2008 年谷歌公司的股价大幅下跌，较历史最高点下降了一半。另一方面，公司的业绩好，可能造成投资者高估其股票价值，从而产生价格泡沫，而当泡沫破裂之后，其股价就会大幅下跌。2007 年，当股神巴菲特开始减持当时如日中天的中石油股票时，国内外舆论一片哗然，"股神老矣"的声音不绝于耳，可是事实证明股神还是股神——中石油光彩的经营业绩导致投资者对其股价估计过高，当股市泡沫破裂时，中石油首当其冲，其股价应声下跌。

巴菲特画像

为什么我们时时犯下令自己后悔不迭的失误？是什么影响和左右了我们的判断？而我们又该用怎样的方法做出正确的判断呢？

第一节 挖掘你的记忆——可用性启发法

一朝被蛇咬，十年怕井绳

一个人一旦被蛇咬了，心里就会留下很深的阴影，接下来的很长时间里，他都会惧怕形状类似蛇的物体，比如井上拴辘辘的绳子等。人为什么会有恐惧心理呢？其中的原因可能是，过去发生的事给人留下的印象非常深刻，容易被记起，并被用来判断类似的情况。

行为经济学家做了很多研究，证实了给人印象深刻、容易被记起的事对人的判断有很大影响。

实验要求被试按照人口从多到少给匈牙利、日本、以色列、尼日利亚四个国家排序。结果显示，被试对其中一个国家了解得越多或听到的次数越多，对这个国家人口的估计就越多。

（正确答案应该是尼日利亚、日本、匈牙利、以色列，你排对了吗？）

行为经济学原理

人们通常依据记忆中易于使用的信息做出各种判断。也就是说，信息越容易被记起，人们越倾向于将其作为判断的依据。这个机制被行为经济学家称为“可用性启发法”。

“一朝被蛇咬，十年怕井绳”的例子中，被蛇咬会给人留下非常深刻的印象，再面对类似的情景，就很容易通过可用性启发法判定自己遇上同样的危险，从而倾向于做出回避。行为经济学家进行的实验更清楚地说明，人们倾向于使用容易被记起的信息做出判断：被各种媒体报道次数越多的国家，其人口应该越多。

通过可用性启发法进行的判断与真实情况对比可以看出，这种判断往往是不准确的。所以，在做重要的判断之前，有必要考察自己的信息来源，综合尽可能多的信息——包括容易回忆起来的以及可能被忽视的，以求做出尽量准确的判断。

脑白金的广告哲学

二十多年前，在铺天盖地的广告宣传中，一款神秘的“礼品商品”——“脑白金”以强势的姿态进入中国人逢年过节的购物清单。尽管其功效饱受质疑，却一度获得中国保健产品销量“七连冠”，稳坐中国保健产品的“头把交椅”，其一直不变的广告词“今年过节不收礼，收礼只收脑白金”对它的销量起到了不可忽视的作用。

很多人觉得，脑白金的这句广告词一无是处；业内人士更是直斥其毫无创意、“土得令人恶心”；网友们甚至将其评为中国“第一恶俗广告”。可是，

有趣的是，土气也好，恶俗也罢，脑白金的销量奇迹却是明摆着的。

追溯起来，脑白金在国内“恶俗广告派”里绝对算不上“祖师”，真正俗到家的广告要数“恒源祥，羊羊羊”！这则从1991年开始“摧残”广大电视观众的广告，恐怕没有几个中国人不知道。更让人难以接受的是，进入21世纪，它又增加了11个兄弟版本，从“鼠鼠鼠”一直喊到了“猪猪猪”，终于让十二生肖在恒源祥的组织下团圆了，让消费者发出了“别的广告要钱，恒源祥广告要命”的感慨！

奇怪的是，“脑残”也罢，“要命”也罢，恒源祥和脑白金一样，始终站在国内同类产品销量的最前列。2008年，恒源祥又创下全国销量第一的佳绩，从这个意义上说，“恶心也是一种生产力”。

脑白金和恒源祥的广告有什么“魔力”，能够让全国的消费者一边恶心一边乖乖地掏钱购买呢？

脑白金和恒源祥广告策略的成功，很大程度上是因为它们很好地利用了行为经济学中“可用性启发法”原理。

脑白金铺天盖地的广告的作用，强化了消费者对脑白金品牌的记忆。“今年过节不收礼，收礼只收脑白金”的广告词，朗朗上口，最重要的是它强调了“收礼”这个概念。国内保健品市场上，仍然是以“送礼”为主要消费目的，受可用性启发法的驱使，人们在选购相关产品时，最容易想到的就是“收礼只收脑白金”，促使人们做出购买脑白金作为礼物的选择。同理，恒源祥“羊羊羊”的广告词设计，既强化了人们对恒源祥品牌的熟悉程度，又强调了“羊”这个概念，使消费者在选购羊毛制品时，一方面容易想到恒源祥这个品牌，另一方面也倾向于认为恒源祥是货真价实的纯羊毛制品。

第二节 直觉抓出特征——代表性启发法

好公司的股票一定是好股票吗?

小李是一个勤奋、博学且关心社会公益的人，毕业于北京大学，在校期间主修环境科学，并获得环境科学和数学双学位。在你看来，小李毕业以后最有可能从事的职业是哪个?

1. 小李是一名图书馆管理员;
2. 小李是一名图书馆管理员，并且是一个环境保护协会的成员;
3. 小李是一名银行职员。

行为经济学家做的这项调查在几个大学各个专业的学生中同时进行。结果显示，大部分学生选择了选项 2。被问起为什么会做出这个选择，他们中的一些人认为“博学是图书馆管理员的典型特征”“热心公益的人才会加入环境保护协会，而且他在大学里主修环境科学”，等等。简单地说，选择选项 2 的被调查者认为小李的性格和经历符合“图书馆管理员”和“环境保护协会成员”的典型特征。

从概率角度分析，我们会发现选项 2 不但不是一个最好的选项，反而是一个最差的选项：比较选项 1 与选项 2，选项 2 是选项 1 的一种特殊情况（一个人同时做两份工作），题目问的是“小李最有可能从事的职业”，选项 1 的可能性是要高于选项 2 的。再比较选项 1 与选项 3，因为银行每年提供的工作岗位要比图书馆多得多，也没有任何特征“绝对性地”确定小李在图书馆工作，从这个意义上说，小李最有可能从事的工作首先应该是选项3，其次是选项1，最后才是选项 2。

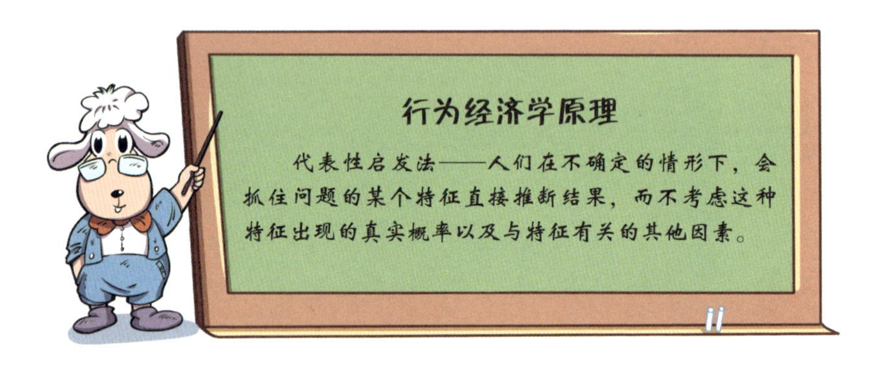

之所以出现上面这种现象，主要是因为人们进行判断时还有一个重要的机制——“代表性启发法”。很多情况下，这种方法非常有效，能帮助人们迅速地抓住问题的本质进而推断出结果，但有时也会造成严重的偏差。比如，上面的调查中，小李的一些性格和经历特点确实符合“图书馆管理员”和“环境保护协会成员”的特征，但这些特点并不是绝对的，不能由此进行推断。又比如，“好公司的股票一定是好股票”的例子，正如我们在章前引言中所论述的，虽然公司的股价与经营业绩有着很大的关联，但是这种关联并不是直接的因果关系，更不是绝对的。所以，根据公司的经营业绩推测其股票未来的走势，未免有失偏颇。

自我矫正错觉与小数定律

执着的老张

老张是一个老股民，已经入市十多年。两年前，经人介绍，老张购买了某公司的股票。可股票刚到手，股价就开始下跌，而且一跌就是两年。老张并不承认自己被“套牢”了，更不肯“割肉”。用老张的话说，他买这只股票的目的是“做长线”。可是，这只股票迟迟不见起色，朋友们劝他赶紧卖了再买进一些潜力股，老张根本不听：“买什么潜力股？我这只股票才是真正的潜力股！你想，这只股票连跌了两年，就算轮也该轮到它上涨了。我预测，未来它肯定会强力反弹，你们就瞧好吧！”

老张的说法乍看之下很有道理：人不能一辈子走运，也不会一辈子点背，常胜将军拿破仑也有滑铁卢，从来没打赢过项羽的刘邦也经过垓下之战结果了西楚霸王。投资股票也是这个道理，哪有股票只跌不涨的？老张的股票连跌了两年，“按理”说应该要涨了；但事实上，这只股票并没有任何价格上涨的迹象。

那么，老张为什么会如此乐观呢？这与“代表性心理”有关。一连串随机事件会生成随机序列，买彩票选号码就是一个典型的例子。各种投注策略层出不穷，令人眼花缭乱，可几乎没有人买过“1234567”这样的连号。如果你买这样的号，“资深彩民”会笑你是傻子。从概率学上讲，“1234567”的中奖概率与任何其他号码都是一样的，只不过它看起来不像是典型的“随机序列”，因而不具备“代表性”。老张则过分强调了“随机代表性”而忽视了序列本身的内在概率——老张认为“跌跌跌跌跌”的可能性要低于“跌跌跌跌涨”，但实际上它们的概率是相同的。

以上这种认为同类事件不会继续发生的现象，是代表性启发法造成的一种典型偏差，行为经济学家形象地称之为“自我矫正错觉”。

代表性启发法造成的偏差还不只是自我矫正错觉，相反的偏差也同样存在。受代表性启发法的影响，人们有时会执拗地认为相同的事件还会继续发生。投资者在挑选分析师时也存在这种现象：假如有两位股评家 A 和 B，A 连续两次预测准确，而 B 两次都预测错误，投资者往往就会认为 A 比 B 更优秀，趋向于听从 A 的意见。事实上，也许 B 比 A 更优秀，只不过 B 这两次不太走运罢了。

以上现象表明，人们通常会认为部分样本特征能够有效地代表整体特征，而不管样本的实际大小。

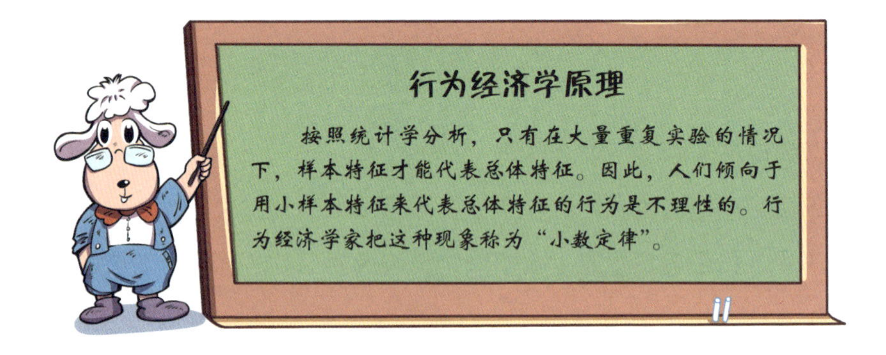

第三节 将你的判断抛锚——锚定启发法

初始值＋调整

前面我们介绍了人们在进行判断时的两种思维捷径：可用性启发法和代表性启发法。这两种方法有一个共同的特点：人们在通过它们进行判断之前，对于要判断的对象已经有了一定的认识和了解。那么，如果对所要判断的对象了解得并不是很多，我们将依靠什么机制进行判断呢？下面让我们看一个行为经济学家进行的实验。

将被试分为两组，第一组参加如下实验：先让被试看一个转盘，指针停在 65 的位置上，然后要求被试回答两个问题："非洲国家在联合国中所占的席位比例是大于 65% 还是小于 65%？""你认为其真实比例为多大？"第二组参加如下实验：让被试看一个转盘，指针停在 8 的位置上，然后要求被试回答两个问题："非洲国家在联合国中所占的席位比例是大于 8% 还是小于 8%？""你认为其真实比例为多大？"

现实情况是，非洲国家在联合国中所占席位比例为 8%—65%（确切比例为 25%）。实验结果显示，大部分被试正确地回答了这个问题。但在估算准确比例时，两组出现了较大的差异：第一组的平均估算比例为 45%，而第二组只有 20%。这说明，转盘上显示的数字与被试的最终答案有某种联系。

行为经济学原理

当人们对某个不太熟悉的事物进行判断时，通常采用的一个方法是先确认一个初始值——该初始值与所要判断的对象相关与否都可以，然后对这个初始值进行不充分的调整，从而得出自己的答案。同时，由于人们所做的调整是不充分的，判断的结果会过分拘泥于这个初始值，就像船抛锚之后不会随波逐流一样，行为经济学将这个机制称为"锚定调整启发法"或"锚定启发法"。

早餐店的奥秘

锚定启发法在日常商业营销中有着广泛的应用，下面是一个比较经典的营销案例。

早餐店的秘密

一条街上开着两家紧挨着的粥店。两家店的生意都很好，每天都是顾客盈门。奇怪的是，左边的店总是比右边的店每天多赚两三百元。

有人通过比较观察发现，走进右边的粥店，服务员给你盛好一碗粥后，会热情地问："您要不要加鸡蛋？"一般情况下，喜欢吃鸡蛋的人就会说"加一个吧"，不喜欢吃鸡蛋的人就会说"不加"。走进左边的粥店，服务员给你盛好一碗粥后，会热情地问："您是加一个鸡蛋还是加两个鸡蛋？"一般情况下，喜欢吃鸡蛋的人就会说"加两个"，不喜欢吃鸡蛋的人就会说"加一个"。就这样，一天下来左边的粥店比右边的粥店每天要多卖出很多鸡蛋，这就是它每天多赚两三百元的奥秘。

在日常生活中，锚定启发法可以说无处不在，善用锚定启发法的商家往往能有意想不到的收获。

这个例子中左边的粥店很好地运用了锚定启发法，聪明的服务员将顾客的"锚"定在了"加几个鸡蛋"上，顾客不是在"加不加鸡蛋"这个问题上进行决策和调整，而是在"加几个鸡蛋"这个问题上进行决策和调整，因此左边的店就卖掉了更多的鸡蛋。

聪明的商家就是这样善用锚定启发法，增加了自己的利润。反过来，聪明的消费者一定要货比三家，以获得尽可能多的信息，防止被人"锚"入歧途。

日久生情

不讨人喜欢的埃菲尔铁塔

巴黎埃菲尔铁塔的建造始于1887年，历时21个月，在1889年3月建成完工。这个钢铁大家伙一开始并不讨人喜欢，一些文化艺术界名流嘲笑它是“奇形怪状的玩意儿”，而铁塔工地附近的居民也被吓坏了，有人居然还跑到法院起诉设计者埃菲尔。随着时间的推移，巴黎人民慢慢接受甚至逐渐喜欢上了这个大家伙。现在，埃菲尔铁塔已经成为巴黎人心中公认的城市标志物。

这个例子与我们平常的一些经验似乎有些不同。日常生活中，人们对事物感觉的常态，可以用一句朝鲜谚语来形容——“即使是最好的音乐，听多了也会厌倦”。这与主流经济学中所谓的“边际效用递减规律”是一致的。但这个例子却告诉我们，人们也会有“日久生情”的心理倾向，即“越熟悉，越喜欢”。

为了证实这一心理机制的存在，行为经济学家进行了一系列调查。调查结果显示：法国学生普遍不喜欢字母W，因为W是法文中最不常见的字母；而日本学生不但偏爱自己名字中的字符，而且还偏爱自己生日中的数字。这说明人们往往喜欢自己熟悉的事物，而相对地不喜欢陌生的事物。

行为经济学家的进一步研究证实，这种“越熟悉，越喜欢”的现象可能是完全“潜意识”发生的。这种心理现象在人们日常生活中有着很多印证。比如，在2000年美国总统大选期间，姓名以“B”开头的美国人更支持布什（Bush），姓名以“G”开头的美国人更支持戈尔“Gore”。又如，一位研究科学史的教授指出，已经功成名就的科学家往往比没有名气的研究员更容易获得各种奖项，即使那些研究员的成果更有价值——其中一部分原因，就是对评审委员会来说，他们更经常地听到知名科学家的名字。这种不相关的甚至无意义的信号能获得人们更高评价的现象被称作“曝光效应”。

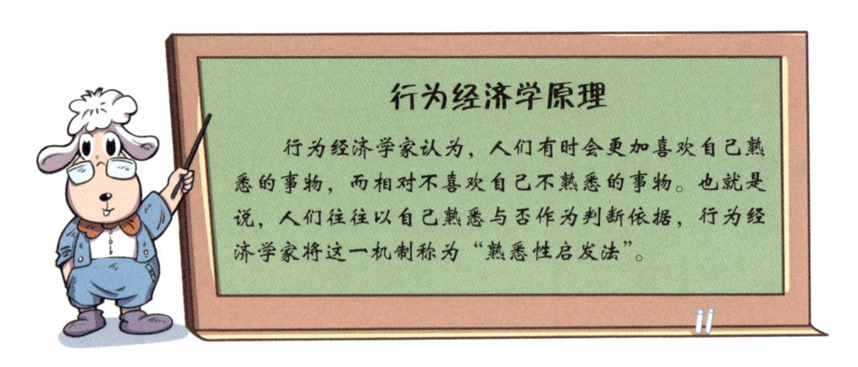

熟悉性启发法与我们之前介绍的可用性启发法类似，但又不完全一样。可用性启发法强调的是相关信息给人的印象和被记起的容易程度，即可用性启发法有一个意识参与的过程，而且其结果也不一定是好的；熟悉性启发法则可能是完全无意识的，而且其结果是必然将熟悉的事物判断为更好的。

第四节 禀赋效应与反禀赋效应

谁动了我的奶酪?

在房屋拆迁中，拆迁户往往会觉得政府提供的补偿太少，而与政府发生关于补偿费用的争执。这就是禀赋效应的体现——居民失去自己的房屋，会要求得到比购买同样房屋愿意支付的价格更多的赔偿才会觉得满意。

由于害怕损失，股票持有者在股价下跌时，往往会变成风险偏好者，即为了避免损失而愿意冒价格进一步下跌的风险继续持有股票，期望有朝一日股价能重新上涨。房地产市场也有这种情况。在这种心理机制的作用下，股票市场以及房地产市场产生了一种奇怪的现象：股票或房地产的价格越低，其成交量反而越小。这与传统经济学的需求曲线是相悖的。行为经济学把人们的这种心理称为“安于现状情结”。

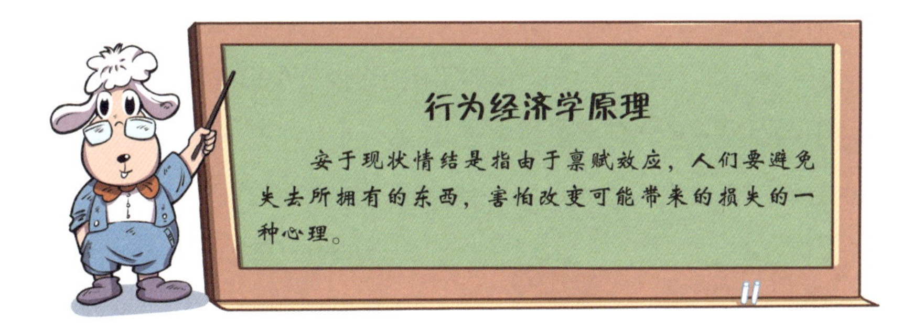

由于安于现状情结，人们往往不愿意改变环境，在谈判中不肯让步。这就是所谓的“现状偏见”。这在房地产市场中比较常见，几乎所有业主都会认为自己的房子能卖更高的价格；开发商对自己开发的楼盘同样抱有比事实更高的期望。销售人员费了老大的劲，谈好 12 000 元放盘，眼看着就要成交，卖主却认为这个价格一定能再高一些，应该到 15 000 元，这起交易就要全盘推倒重来。

之前介绍的禀赋效应，其主要思想是人们对自己所拥有的东西有着一种珍惜的感情，让他们放弃物品需要付出很大的代价。这一论点可以进一步延伸，人们拥有的不仅可以是具体的物品，也可以仅仅是某种已有的状态。换句话说，人们在某种程度上是“安于现状”的，不愿改变现状符合他们的心理习惯。“江山易改，本性难移”就含有这个意思。

无论是禀赋效应还是现状偏见，都有一个共同点，就是决策人对于“损失”的厌恶：在禀赋效应里是对于现有物品损失的厌恶，在现状偏见里是对于现状改变的厌恶。这两种现象背后还蕴含一种更为普遍的原理，就是前面已经多次提到的“损失厌恶”原理：人们厌恶任何形式的损失，并尽量使这种损失不再发生。在做出自己决策的过程中，人们赋予损失的权重明显地大于获得的权重。

太太永远是别人家的好

从前面的例子我们可以看到，行为经济学中的禀赋效应是指人们在出售属于自己某一物品时的要价通常会比购买属于别人的同一物品时的价格更高。现实生活中存在另一种“反禀赋效应”，比如，小孩子总是觉得别人的文具盒比自己的好看，自己在食堂点的菜好像总是不如坐在对面的朋友的菜看上去好吃……总的来说，人们倾向于认为别人的生活比自己的有意思。这些现象的本质是人们倾向于低估自己的物品、高估别人的物品——这与禀赋效应正好相反。行为经济学家把这

种现象称为反禀赋效应，它是与“敝帚自珍”的禀赋效应相反的心理规律。

首先，反禀赋效应中存在对自己拥有的物品的已有体验。如果该体验不令人满意，甚至产生不愉快——集中体现在自己了解自己物品的缺陷，那么相比于尚不属于自己、没有过体验的物品，人们倾向于低估自己的现有物品。其次，禀赋效应之所以存在，一个重要原因是人们会厌恶损失，不愿意换出自己已有物品意味着高估该物品。这个原因忽视了一个前提：并不是所有换出自己已有物品的行为都是损失。换句话说，必须考虑损失是相对谁而言的。如果换出已有物品得来的是期望效用更大（当然实际也许不一定）的物品，那就不是损失。由于存在信息不对称，人们反而会倾向于高估别人的物品而低估自己的物品，于是产生了反禀赋效应。

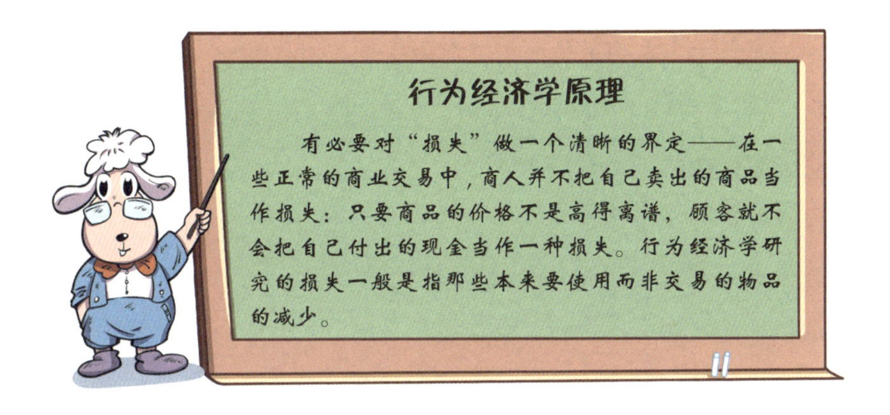

那么，什么时候反禀赋效应会出现，什么时候禀赋效应会出现呢？有以下几个可能的影响因素：一是人们对自己拥有物品的评价高低。二是拥有物品的时间长短，这是考虑到使用惯性问题，使用时间越长越容易产生依赖情绪，也可能使用时间越长了解的缺陷越多，或者也可能越容易审美疲劳。通过实验，我们认为，哪种效应更强与个人的“惯性指数”（即是否倾向于改变现状）有关，当依赖情绪产生时为负，审美疲劳产生时为正。三是与潜在的交换对象有关。

生活小贴士

本章介绍了人们进行判断时几种最重要的心理机制，分别是可用性启发法、代表性启发法、锚定启发法和熟悉性启发法。这几种启发法是人类在长期的自然进化和社会实践中慢慢形成的，因此在大多数情况下都可以将其视作思维捷径，并能够据此做出有效而准确的判断。

但是，这些思维捷径都有着不同程度的缺陷，都有可能导致错误的发生。

例如，一方面，很多时候，人们在不确定的情形下，会抓住问题的某个特征直接推断结果，而不考虑这种特征出现的真实概率以及与特征有关的其他原因。另一方面，人们有时会更加喜欢自己熟悉的事物，而相对不喜欢自己不熟悉的事物。在公共物品的补偿要求中，这种判断缺陷体现得更明显。曾有一项调查表明，为种植行道树，当地居民平均愿意支付 10 美元；而如果要砍伐行道树，居民要求的赔偿平均为 56 美元。

这也是禀赋效应的主要思想，根据经济学家的调查，那些连续上涨的股票无论是从短期收益率还是长期收益率来看，都要明显低于一般的股票。也就是说，股民一味地“追涨”是十分不明智的。

因此，不论是作为消费者、经营者还是投资者，当我们需要做出重要的判断时，应冷静而理性地检查自己的整个思维过程，同时要参考尽可能多的信息，以使自己的判断能够尽量做到准确。

人们的判断往往会有各种偏差，而比较典型的就是“自我矫正错觉”和“小数定律”。为了避免类似偏差的产生，一个理性的经济人应切记以下几点：第一，不管什么时候，都要考虑到基准概率的存在；第二，概率不具有自我矫正功能，一直下跌的股票也不意味着将来更可能上涨；第三，小样本具有偶然性，不能拿来作为决策的绝对参考。

第五章

凭什么相信自己——自负理论

自负的老人

美国一项针对500名老年人的调查显示，老年人平均会感觉自己看起来比实际年龄年轻13岁，其中70岁及以上的老年人认为自己看起来比实际年龄年轻10岁。

密歇根大学社会研究所心理学家兼研究人员雅基·史密斯说："人们通常觉得自己比实际年龄年轻得多，而且随着时间的推移，他们对外表年轻程度有较高的满意度。这也是他们长寿的原因。可以说，这些老人对自己的身体状况相当自信，甚至有些自负。"

行为经济学认为，自负（即过度自信）普遍存在于人类的行为中，不论是富翁还是贫民，不论是小学生还是大学教授，不论是经济学家还是心理学家，自负都像一种没法摆脱的心理因素影响着人们的行为和决策。

第一节 我们是如何定义自负的

自古英雄出老年

王翦灭楚

《史记·白起王翦列传》记载，公元前236年，秦始皇在罢黜相国吕不韦后开始发动统一六国的战争。战争一开始，秦国就以锐不可当之势拿下了韩、赵、魏三国，平定了三晋。接着，秦国将矛头指向了宿敌楚国。秦始皇召开御前军事会议，与将军们商量对策。当时与会的有两位将军，一位是老将王翦，另一位是小将李信。秦始皇问两人吞并楚国需要用多少兵力，李信答道“最多不过二十万人”，王翦则回答“非得六十万人不可”。秦始皇听了之后就说：“果然少年出英雄！李将军说得很对。我看王将军是老糊涂了，怎么越老越胆小！”于是秦始皇给了李信二十万兵马，让他和蒙恬一起去攻打楚国。而王翦因为“老糊涂了”，干脆告老还乡，回老家频阳养老去了。

李信率领秦军攻入楚国，开始时一路高歌猛进，攻入楚国旧都鄢郢。可是万万没想到，当秦军进军到城父时，被楚军长途奔袭得手，秦军大

败，死伤惨重。消息传到秦国国内，秦始皇不得已亲自跑到频阳请王翦出山主持局面。这时，王翦说："大王要臣出山，非六十万兵马不可。"秦始皇不得已，给王翦拨付了兵马。于是王翦带着六十万大军杀到楚国，经过一系列大战，终于灭掉了楚国。

分析这个故事可以发现，小将李信可以说是一位非常自信的将领，但是他过高估计了自己的能力，把本来一出"自古英雄出少年"的好戏弄成了"年轻人不知天高地厚"的悲剧，还差点断送了大好前程。老将王翦则稳当得多，六十万兵马少一人不干，最后顺利地拿下楚国，加官晋爵。所以说，自信虽然是好事，但是"物极必反"，过度自信就要出事了。

股票市场存在大量的过度交易和风险交易的行为，这些行为也与过度自信有关。在股票市场上，股民频繁地买卖自己持有的股票，但其回报率到底如何呢？调查显示，这些频繁交易的股民的回报率，不但不高于同期市场平均收益率，甚至还远低于市场平均收益率。

在对贴现交易经纪公司的研究中，行为经济学家发现：1991—1996 年，美国上市公司平均每个账户的年回报率是 17.7%，但是那些交易次数排前 20% 的账户（每月交易其证券的 9.6%，而全部公司账户的平均水平是 6.6%）的年平均回报率只有 10%。换句话说，这些最有信心的投资者（他们的信心

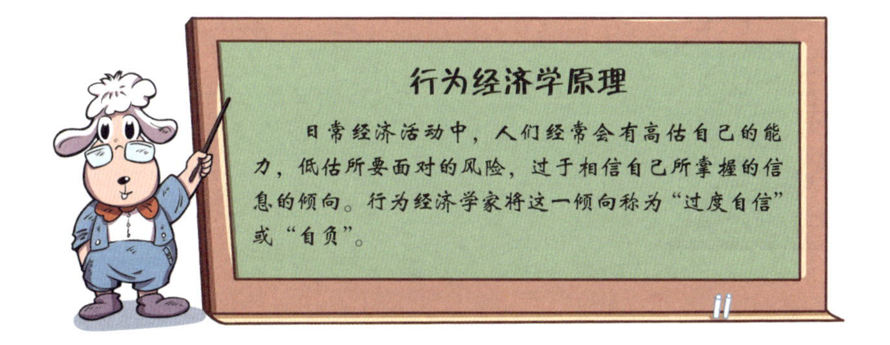

是从大量交易中得出的合理假定）的业绩远远比不上那些不如他们“自信”的投资者。与此同时，股民们往往会购买一些风险很高的股票，这些股票未来的回报率并不明朗，但股民们往往过于相信自己的判断，认定自己发现了一只新的“微软”或者“谷歌”。现实往往是残酷的，过度的风险交易往往导致该类股民血本无归。

过度自信现象在日常经济生活中随处可见，上文中股票市场上的过度交易和风险交易就是其中的代表，下面我们重点分析这两种现象。

自负现象的实验验证

1. 请估计一架普通的、未载人的波音 747 飞机的重量，给出你的最小估计值和最大估计值，以保证正确答案有 90% 的可能会在你给出的两个数值之间。

2. 以千米为单位估计地球卫星的直径，给出你的最小估计值和最大估计值，以保证正确答案有 90% 的可能会在你给出的两个数值之间。

当我们向二百多位中国人民大学的 MBA 学员提出以上两个问题时，大多数人没能答对，且很多人给出的答案区间过小，而当我们在中国人民大学附属小学三年级二班做这个实验时，孩子们的答案却准确得多：很多小学生踊跃举手，给出的答案区间很大，甚者有“0 到 10 万吨”“1 千米到 1 亿千米”的回答。

上面的实验中，题目并没有限制被试给出一个正确的范围，如果一个参与者回答的范围是 1 千米到 1 亿千米，显然能够包含正确的真实值。可惜，

MBA 学员中极少有人这样做。行为经济学家认为，那些骄傲自大的人往往不会承认他们比别人知道得少。这种心理就叫作“自负”。

个人的自信程度会很大程度地影响个人经验在其做决策中的作用。研究表明，在经验性环境下人们对自己的判断一般会过于自信。过于自信就会出现错误，当错误的结果重复呈现在面前时，人们就会从这些错误中学习、反省，经济行为的表现就是“反应过度”和“反应不足”。一个自负的人对自己的成功经历倾向于非常肯定和信赖，当再次做类似的决策时，他会毫不犹豫地运用自己的经验。此时他的思维就像市场中价格会出现“黏性”一样，对周边出现的新信息反应迟缓，导致决策偏差。“智者千虑，必有一失”，那“一失”十有八九就是经验主义下盲目自信的结果。

一位行为经济学教授曾经在自己的学生中做过一项调查，这些学生当时正要开始自己的毕业论文写作。教授让这些学生估计在下列三种情况下，他们能用多长时间写完毕业论文。这三种情况分别为：“在最好的情况下，即一切都很顺利”“情况不好也不坏，即一般情况”和“情况很糟糕，进展很缓慢”。结果发现，学生们给出的平均估计值分别为 27.4 天、33.9 天和 48.6 天。统计结果显示，他们真正完成毕业论文的时间，平均长达 55.5 天。

自负现象在日常生活中不但普遍存在，而且几乎每个人都或多或少地存在自负的倾向。自负的偏差就像一颗定时炸弹潜伏在周围，可能随时会给我们带来损失。所以，我们必须足够重视这一普遍存在的认知缺陷。

第二节 自负的种类

知道得越多赚得越多吗？——信息型自负

传统经济学理论认为，拥有更多的信息后，人们会根据所得到的信息来优化自己的决策。也就是说，随着知识量的增加，人们的投资行为会越来越趋于绝对理性。但是，行为经济学的研究却发现事实并非如此，人们在面对大量信息时往往欠缺甄别能力，不能将真正有用的信息从浩如烟海的信息集中剥离，这样就造成经济行为人基于错误信息进行决策，从而导致决策失误；同时，人们也往往会缺乏正确处理各类信息的经验，从而使正确的信息产生错的导向性，进而导致决策偏误。但是，经济行为人的心理感觉却与经典理论趋于一致，也就是人们在主观上认为越多的信息会使自己的决策越合理。所以，当人们拥有更多信息时，往往会表现得过度自信，这种情况在行为经济学中被称作“知识幻觉”。

一个与知识幻觉有关的例子是股票论坛。很多股民炒股之余会去各类股票论坛逛逛，一则听听所谓的专家意见，二来看看有什么重要消息。一项专门针对股票论坛上各类消息的调查发现，在论坛出现的消息中，那些来路明确的消息往往不会引起股民较大的反应；相反，那些来路不明的小道消息却常常能带来

第二天相应股票交易量的急剧上升。造成这种反常现象的原因是，股民们认为正规的消息所能带来的有价值的信息量十分有限，而小道消息则往往让股民自认为获得大量的有用信息。因此，小道消息导致了知识幻觉，而知识幻觉又导致了过度自信。

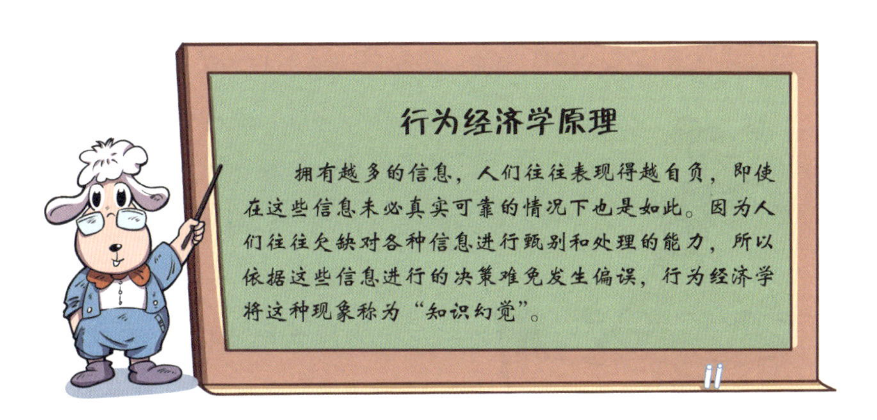

姜还是老的辣吗？——经验型自负

日常生活中，我们常常会听到这样一些说法——“老马识途”“姜还是老的辣”，就连父母在训斥孩子时也会说“我吃过的盐比你吃过的米都多”“我走过的桥比你走过的路都长”。毋庸置疑，这些现象确实存在，它们说明了日常生活中经验的重要性。但是，正如之前讲过的，经验会导致一些负面品质，其中就包括自负。

第四章介绍的代表性启发法理论认为，在小数定律的支配下，人们往往会认为过去发生过的事情将来还会发生。也就是说，如果人们拥有某一方面的经验，他们往往会过分相信自己的经验，进而依据自己的经验对未来的事物进行判断，即便这样做会造成偏差。这就是经验导致自负的主要机制。

马谡上山扎营

《三国演义》记载，诸葛亮初次北伐时，为了抵御魏国前来增援的司马懿，同时保障自己的补给线安全，决定派马谡带兵扼守街亭。当马谡带兵抵达街亭时，并没有发现魏军，副将王平建议马谡在路口设下大营，同时支起木栅，以做长期防御的准备。然而，马谡却做出一个匪夷所思的决定：在附近一座四面无依无靠、非常突兀的山上安营扎寨。王平提出异议，认为如果魏军到来之后将山包围，同时断绝水道，蜀军就危险了。马谡不以为然地说："你别瞎扯，孙子说过'置之死地而后生'，如果魏军断我的水道，那么蜀军肯定拼力死战，到时候就可以以一敌百，我自幼熟读兵书，丞相有事都找我商量，你懂什么！"

马谡说的话也不完全错，历史上确实有"置之死地而后生"地大破敌军的案例，一个著名的例子就是，西楚霸王项羽在巨鹿破釜沉舟，大破数倍于己的秦军；另一个著名的例子是，韩信以数万兵力背水一战，大破二十万赵军，斩杀成安君陈馀，生擒赵王歇。但是，马谡这次却是自信过头了：他手下的是十数年不习兵事的蜀军，而不是带着"楚虽三户，亡秦必楚"信念渡江的八千江东子弟；他面对的不是昏聩无能的成安君和赵王歇，而是天下闻名的大魏宿将张郃；更重要的是，他不是所向披靡的西楚霸王，也不是"韩信将兵，多多益善"的淮阴侯，他更像纸上谈兵的赵括。于是，当魏军包围土山、断绝水道时，蜀军不攻自乱，街亭迅速失守。马谡在战场上捡回了一条命，却被诸葛亮依军法斩首，为自己的自负付出了代价。可见，历史上的经验可以借鉴，但不能照搬。而“自幼熟读兵书”的自负，用现在的话来形容就是：出来混，迟早是要还的。

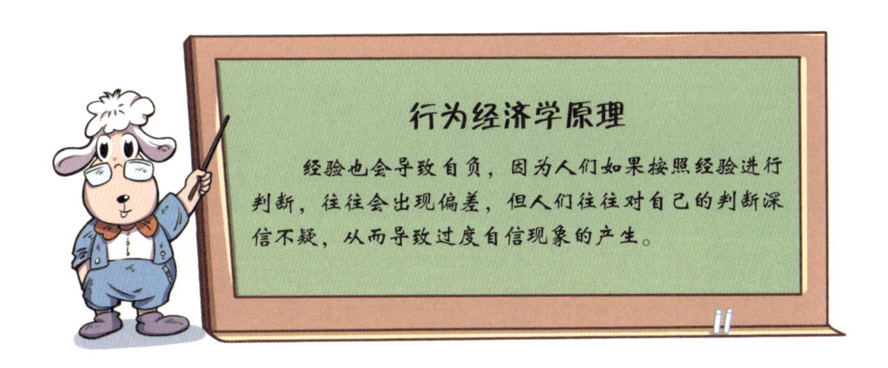

考得不好是题太难——归因型自负

现实生活中，我们常常看到这样的例子：一个学生在一次考试中取得了很好的成绩，会认为是自己最近学习很用功所致；反过来，他这次考试没考好，八成会说是因为题目出得很偏、很难。

上述例子说明，判断一起事件发生的原因，人们往往会得出完全不同的结论，行为经济学将这一机制称为归因。归因一般有两类：倾向性归因和情景归因。简单来说，倾向性归因就是将原因归结为主观因素，前面例子中的“我考得好，是因为我学习用功”，就是把原因归结到个人的主观因素上；情景归因则是将原因归结为客观因素，比如“我没考好，是因为题目出得太偏了”。

归因现象对日常经济生活有着重要的影响，因为只有认识到问题产生的正确原因，才能做出相应的正确决策；但如果将问题的产生归结到一个错误的原因上，认识就会产生偏误，自负就是其中之一。

归因错误为什么会造成自负呢？正如前面那个学生的例子，人们往往会将自己成功的原因归结为自己能力强（主观因素），而将自己失败的原因归结为客观因素。在经济生活中，如何正确地判断客观环境是基本能力之一，大部分人的归因会更进一步，将自己失败的原因归结到一个只有上帝才能明白其真正含义的词——“运气”。长此以往，人们会倾向于将自己之前所有的成功都归结为自己能力强，而将所有的失败归结为自己运气不好。在进行下一步的判断时，一方面，你认为自己的能力已经给你带来了无数次成功，这次也不会例外；另一方面，虽然之前因为运气不好导致了一些失败，但是人不会永远倒霉，这次运气一定会好的！自负心理就这样产生了。

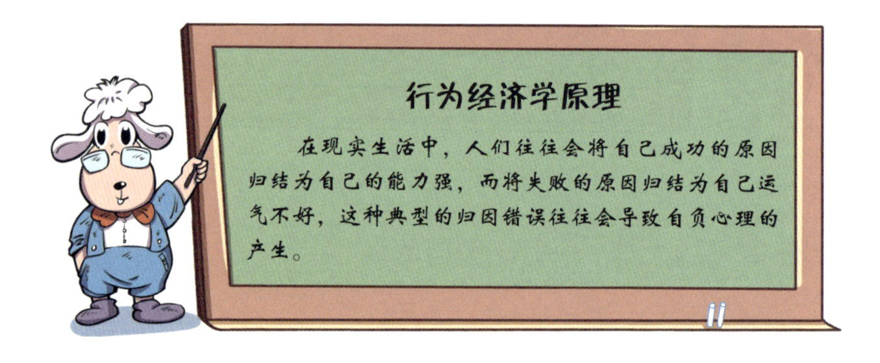

律师都以为自己能打赢官司——控制型自负

被试在两种不同情景下对简单的投硬币赌博下注。

第一种情景是在实验组织者的监督下，由被试抛这枚硬币；第二种情景则直接由实验组织者抛这枚硬币。按照常理推断，这两种情景的结果在概率上是完全相同的，因此被试的下注金额应该没有什么明显区别。但实验结果并非如此：第一种情景下被试的下注金额明显高于第二种情景。

买彩票的经济行为跟上面实验的原理类似：即使是最为狂热的彩民，也清楚地知道彩票上的数字完全是一个随机组合，但是在买彩票时，却极少看见有人选择通过电脑或其他工具生成的随机组合；相反，大家对毫无科学性可言的彩票数字走势和规律的研究很感兴趣，并以此作为自己下注的依据。

根据传统的经济学理论，上面两个例子是完全解释不通的，但是行为经济学家针对这一现象给出了自己的理论解释。他们认为，当人们感觉自己能对事件施加影响时，往往会表现得更为自信。从客观上讲，很多情况下人们根本不能影响事件，能够影响事件的感觉只是幻觉，行为经济学家称之为“控制幻觉”，控制幻觉也可能造成自负。在一项针对美国正在打官司的律师的调查中，有 68% 的律师表示自己一方一定能赢得官司。但是，我们很清楚地知道，最后这个比例只能是 50%。律师们之所以表现出过度自信，就是因为他们认为自己能够控制整个诉讼的进程，也就是所谓的控制幻觉。

控制幻觉造成的自负在现实生活中随处可见，比如在股票市场上就存在控制幻觉导致的自负。互联网进入人们的日常生活之后不久，股民们就开始利用互联网进行股票交易。而一项调查显示，网上进行股票交易大大增加了过度交易者的数量。也就是说，网上交易使得股民们变得更加自负。究其原因，

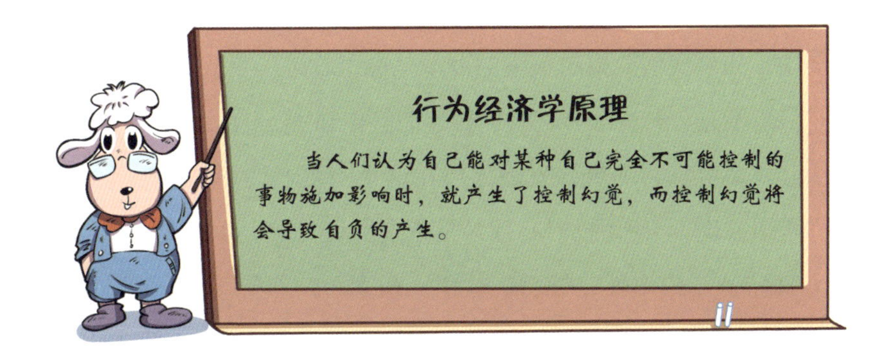

是网上交易的环境容易使股民们产生控制幻觉——他们认为通过网上大量而全面的即时信息以及方便的买卖操作，自己能够稳稳地控制投资的成败。而事实上，跟其他所有的过度交易现象一样，网上的过度交易同样只是一种自负行为，并不能给投资者带来超额收益。

你喜欢的她一定会喜欢你吗？——投射型自负

历史上最伟大的经济学家之一约翰·梅纳德·凯恩斯（John Maynard Keynes）曾经提出一个著名的“选美理论”。他总结自己在金融市场投资的诀窍时，以一个非常形象的例子描述他的投资理论，那就是金融投资如同选美。

一个选美比赛组织有奖竞猜，猜中谁能够得冠军，你就可以得到大奖。你应该怎么猜？凯恩斯告诉你，别猜你认为最漂亮的女孩能够获得冠军，而应该猜大家会选哪个女孩做冠军。即便那个女孩在一众美女中平平无奇，只要大家都投她的票，你就应该选她，而不能选那个看上去最漂亮的。简而言之，诀窍就是要猜准大家的选美倾向和投票行为。

回到金融市场投资问题上，以投资股票为例。不要买你认为最好的股票，而要买大家都买的股票，哪怕那只股票根本没有太大的潜力，这个道理同猜中选美冠军就能得奖的道理是一样的。凯恩斯的选美理论在金融学研究历史上有着重要的意义，它指出了心理因素在金融市场上的重要作用，为行为金融学的建立提供了一个基础。

选美中，如果我们要猜对最终的冠军是谁，就必须了解所有观众的喜好。但是，在信息不充分的情况下，我们如何能够得知别人的喜好呢？

行为经济学家通过研究，发现人们在这个问题上具有一个有趣的心理倾向，即“投射心理”。所谓投射心理，是指人们在日常生活中常常不自觉地把自己的心理特征（如个性、好恶、欲望、观念、情绪等）归属到别人身上，认为别人也具有同样的特征。比如，一个人喜欢说谎，就认为别人也总是在骗自己；一个人自我感觉良好，就觉得别人也都认为自己很出色；等等。

投射心理在生活中很普遍，下面是一个典型的例子。

三个选题

一家出版社的选题讨论会上，三个编辑提出了自己的选题：甲编辑正在攻读成人教育双学位，他报的选题是《如何写好毕业论文》；乙编辑的女儿正在上幼儿园，他报的选题是《学龄前儿童教育》；丙编辑是个围棋迷，他报的选题则是《柯洁棋路分析》。

出版社选题当然是要以迎合大多数读者的口味为首要目标，三个编辑肯定也深知这一点，但是从他们的选题来看，他们所报的都是自己感兴趣的方向。也就是说，编辑们天真地认为自己喜欢的书读者也肯定喜欢，这就是典型的投射效应。

而在股票市场上，因为投射效应，人们会天真地把自己的好恶当作整个市场的偏好，从而在这个基础上进行决策。比如，自己喜欢一只股票，就会认为别人也喜欢这只股票，于是按照选美理论，认为这只股票一定会赚钱。自负便产生了。

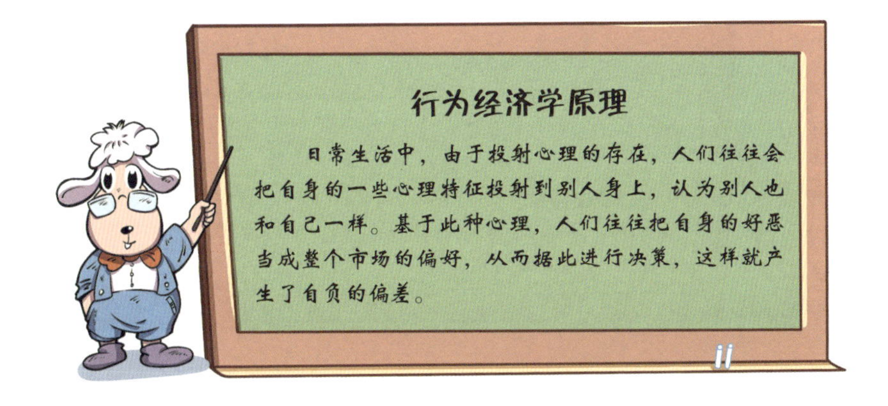

第三节 警惕你的认知偏差

能手现象

假设某个小镇有大小两家医院，大医院每天有 45 名婴儿出生，小医院每天有 15 名婴儿出生。大约 50% 的婴儿是男孩。每家医院记录下一年内每天出生婴儿中 60% 为男孩的天数。请被试回答哪家医院记载的天数多。

结果是，56% 的被试认为天数将相等，但正确答案是小医院记载的天数多，因为大样本更不容易偏离 50% 的总体概率。然而，这种基础的统计知识并不在人们的考虑范围中。

行为经济学原理

人们应用的问题解决策略可分为“算法”和“启发法”。算法是解决问题的一套规则，它精确地指明解题的步骤。如果一个问题存在算法，那么只要按照其规则操作，就能得到问题的解，对应思维系统的思维判断。启发法是凭借经验的解题方法，是一种思考上的捷径，是解决问题的简单、笼统的规律或策略，对应直觉系统的直觉判断，也被称为经验规则或拇指法则。

算法和启发法是两种性质不同的问题解决策略，算法虽然精准，但由于思维系统的特点是缓慢费力，因而算法有时难以应用于现实生活。而启发法对应反应迅速、不费力气的直觉系统，因而当现实中要解决的问题很复杂但无须特别精准，或者知识信息不完全、无法用算法解决时，人们往往采用启发法来迅速得到答案。大量的实验证明，人们在现实生活中经常依赖一系列的启发法原则将要求估计概率和数值的复杂问题转化为简单的判断。尽管启发法原则通常是有用的，但有时也会导致严重的系统偏误。

再回到上面的实验，实验揭示的道理是：人们认为小样本和大样本都具有对于总体同样程度的代表性。而根据概率统计理论，大样本比小样本的方差更小，更能稳定地代表总体，因而代表性启发法会导致认知的偏误。这种认为小样本也可以很好地反映总体的观点被称为小数定律。这一道理前面已经讲过，这里不再赘述。

另外，对样本规模不敏感还会导致“能手现象”，即当一名足球运动员在一场比赛中射入多个球以后，球迷就会根据这个小样本现象认为该运动员处在巅峰时期。显然，这种认识也是有偏差的。

赌徒谬误

如果将一块质地均匀的硬币投掷 6 次，H 代表正面，T 代表反面，那么以下两种结果哪种出现的可能性更大，HTHTTH 还是 HHHTTT？

行为科学家卡内曼和特维斯基做过相似的实验，被试大多认为前一种结果出现的可能性比后一种结果大，理由是前一种结果更好地代表了投掷硬币公平、随机的性质，而后者看上去不那么随机。实际上，正确的答案应是两种结果出现的可能性一样大。

由此可见，即使实验只有局部的几次，人们也希望一种随机过程产生的一连串结果会代表这种过程的核心特点。这就是由小数定律引起的局部代表性，人们思维的这种自然倾向与数学理论并不相符。人们出于代表性启发的影响，会希望概率为 1∶1 的投硬币游戏中出现正面和反面的次数正好一样，或者是交替出现，而不管实际实验的次数是否足够多，因此认知与事实出现偏差在所难免。

局部代表性的信念产生的另一个结果就是著名的赌徒谬误。赌徒谬误是指人们会错误地受到过往经历的影响而对那些有确定概率的事件给予错误的判断。举个例子，如果抛一个相同的硬币 6 次都是正面朝上，那么第 7 次反面朝上的可能性是多大呢？有人会认为反面朝上的概率较大，而实际上只要硬币材质是均匀的，不管之前抛多少次，下一次出现正面或反面的概率始终都是 1/2。

当存在相关的、重复的输入信息时，人们对于预测的信心会大大增强，而具有讽刺意味的是，统计过程中，当变量相关性（即自相关性）增加时，预测的方差会变大，预测的准确性会下降。这种与事实背道而驰的预测自然会出现很大的误差。

虚幻的相互联系

经济学家曾做过一个实验，说明人们在判断两个事件一起发生的频率时，常常出现一种有意思的偏差，即“虚幻的相互联系”。

先展示给被试一些假定的心理病人的信息，每

个病人的信息包括一份疾病临床诊断和病人画的一幅画。之后被试被要求估计某些疾病诊断（如多疑症或妄想症）与画的某些特征（如奇怪的眼睛）一起出现的频率。

结果，被试显著地高估了多疑症和奇怪的眼睛这两个事件一起出现的频率，而其实这两个事件一起出现的频率并不如估计的那样高。这种效应被称为“虚幻的相互联系”。

实验结果还表明，受到虚幻的相互联系效应影响，人们对认定的联系相矛盾的数据很抵制，甚至当画中的特征与疾病诊断为负相关关系时，人们依然坚信这种虚幻的相互联系存在。这种效应还会阻止人们检测出实际存在的真实联系。

再来看一个实验。

被试有机会对两个事件中的一个下赌注，用到三种类型的事件。

简单事件：从一个红球、黑球各占50%的袋子中拿出1个红球（p=0.50）；

联合事件：从一个红球占90%、黑球占10%的袋子中可放回地连续取出7个红球（p=0.48）；

分离事件：从一个红球占10%、黑球占90%的袋子中可放回地在7次抽取中至少取出1个红球（p=0.52）。

结果显示，在对简单事件和联合事件下赌注时，绝大部分被试选择对联合事件下注（p=0.48），而不选简单事件（p=0.50）；在对简单事件和分离事件下注时，绝大部分被试选择简单事件（p=0.50），而不选分离事件（p=0.52）。

这种选择说明人们倾向于高估联合事件的概率，而低估分离事件的概率。

这种偏差的出现可以用锚定调整启发法来解释。简单事件的概率为估计联合事件和分离事件的概率提供了一个自然的初始值。调整经常是不充分的，因而对联合事件概率的估计下调过少，而对分离事件概率的估计则上调不够，于是出现了这样的结果：高估联合事件的概率，低估分离事件的概率。

对联合事件概率的估计偏差在现实生活中也经常发生。一项工作的成功完成，如一件新产品的推出由许多环节和步骤组成，即使每一个环节和步骤成功的概率很高，整个工作成功完成的概率却往往不高。而人们常常以每个环节完成的高概率为初始值，倾向于低估一个复杂工作出问题的概率。

生活小贴士

在本章，我们介绍了自负和认知偏差等行为经济学现象，并给出了造成自负的几种原因：信息（知识幻觉）、经验、归因错误、控制幻觉和投射心理。

人们在面对大量信息时，往往缺乏甄别能力，不能将真正有用的信息从浩如烟海的信息集中剥离出来，这样就造成经济行为人基于错误信息进行决策，从而导致决策失误；同时，人们也会因为缺乏正确处理各类信息的经验，使正确的信息产生错误的导向性，进而导致决策偏误。现实生活中，我们往往会将自己成功的原因归结为自己能力强，而将自己失败的原因归结为自己运气不好，这种典型的归因错误往往会导致自负心理的产生。

金融市场里，投资者不会参与没有信息基础的盲目交易。而行为金融理论则让我们看到，市场上的投资者由于过度自信，坚信自己已经掌握了有必要进行投机性交易的信息，就像他们过分相信自己能获得高于平均水平的投资回报一样，完全有可能导致大量盲目性交易的产生。投机性资产的市场价格与其基本价值总是有所偏离。投机性资产的价格比有效市场假设下产生的价格波动性要大得多。

同时，过度不自信现象也是存在的。过度自信往往出现在相对简单的任务中，如驾驶；而过度不自信一般来自相对困难的任务，如弹钢琴。我们称这种效应为“难易效应”，其原因是被试在把自己的能力与他的能力相比时，往往没有意识到别人同样会认为任务难或易。这个理论应用在经济学分析中的关键在于如何定义难易。

通过以上的介绍，我们可以发现自负心理对人们日常经济决策有着莫大的影响，常常会使我们的判断产生偏差，从而导致损失。那么，我们应该如何来避免自负呢？下面给出几条建议，供大家参考：

第一，仔细审查自己的决策过程，看自己是否犯了过度自信的典型错误。这些典型错误可能包括：没有做足够的调研就做出重大的判断；对自己的直觉深信不疑；盲目相信自己的经验；把失败归结为运气不好；等等。

第二，做任何预算都要留出 20% 左右的富余。过度自信常常导致失败的财务计划，为了避免这一现象的发生，做任何预算时都要留出 20% 左右的富余。比如，装修房子估计要花 15 万元，在预算上至少要留出 18 万元的额度；做其他的预算也是相同的道理。否则，如果你过于自信，到时候发现自己钱不够了，就只能瞪着装修一半的房子干着急了。

第三，三思而后行。虽然每个人都知道这句话的重要性，但真正做到的人却没有几个。避免过度自信的错误，这是最为有效的方法。具体说来，就是不要急着做决策，有可能的话，缓一段时间，让市场来告诉你你最初的判断是否正确。久而久之，你就会离自负的陷阱越来越远。

第四，多听取别人的意见。当局者迷，旁观者清，多听听周围人的意见，尤其是那些不同的意见，更有助于你认识到自己决策上的偏误。

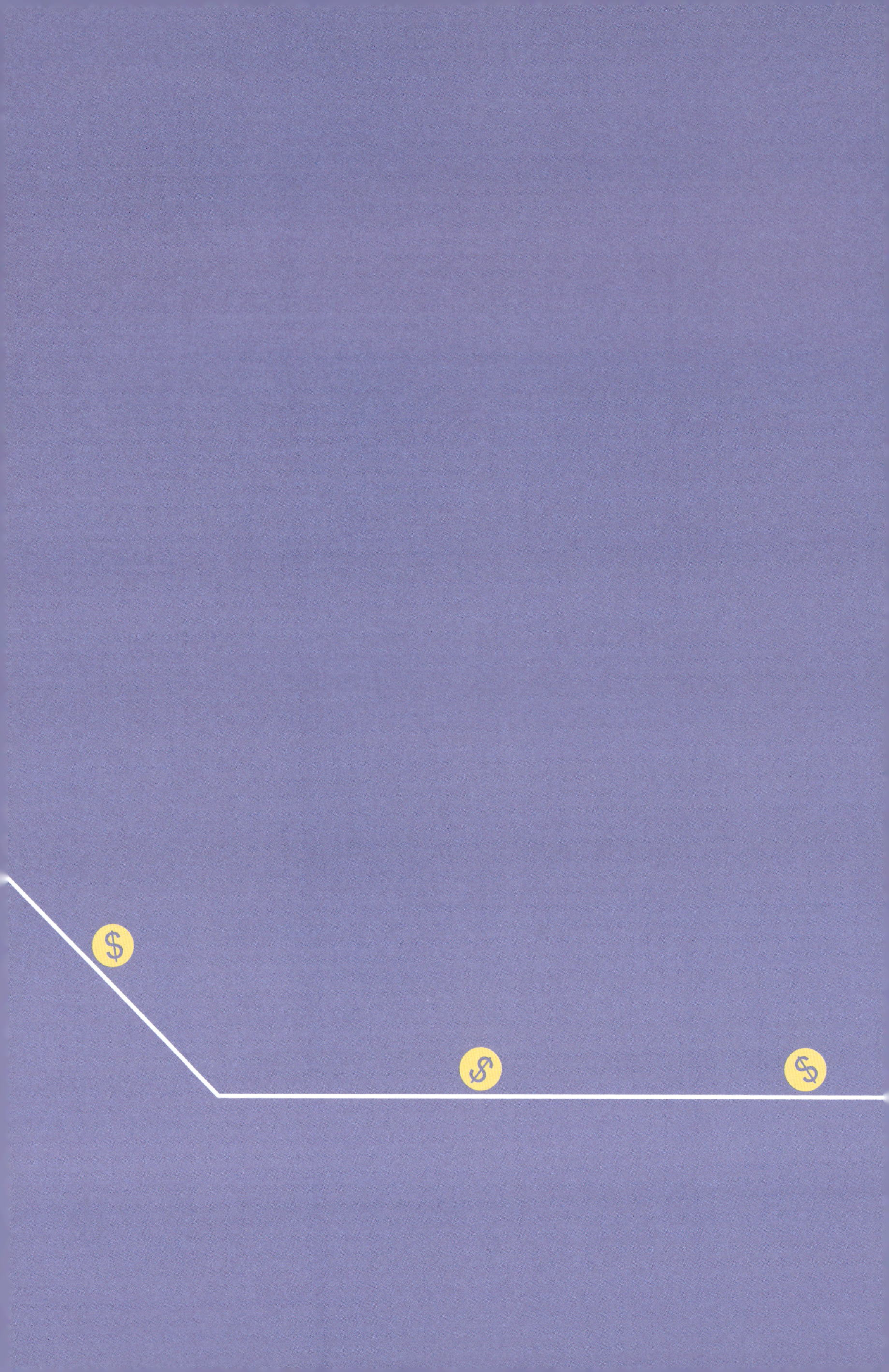

第二部分

投资行为的非理性陷阱

第一部分我们介绍了行为经济学的一些理论及其在现实生活中的应用。我们可以发现，这些理论所描述的主要是“人与环境的互动”，即独立的个人在不受其他人影响的情况下所进行的经济活动。然而，人毕竟是一种社会性动物，我们在经济生活中不可避免地会遇见形形色色的人，并受到来自他们的影响。在本部分，我们就将论述的主要关注点放在经济生活中“人与人的互动”上，研究个人在经济生活中是如何受到其他人影响的。

第六章

你不只活在自己的世界里——公平、互惠与利他

作为一种社会性动物，人们在生活中总是要来来往往，少不了与形形色色的人打交道，在互动中受到其他人的影响。有时我们会感叹“为什么同人不同命”，有时我们会被其他人的快乐感染，我们崇尚礼尚往来，但有时也会以牙还牙、睚眦必报，等等，这种种“互动”行为的背后都蕴藏着深刻的行为经济学原理，在现实生活中又有着非常丰富的表现形式。

第一节 为什么同人不同命——公平理论

最后通牒游戏

地主与佃农

这是一个古老而又经典的故事：又到了一年农事开始的时候，地主把自己家的老佃农叫到家里，跟他说：“今年的农活又要开始了，你好好干，收成还是老样子，你拿一半。”老佃农于是“得令回家”，开始了又一年的辛苦劳作。到了收获时节，老佃农望着割下来堆成垛的谷子，突然有了种“莫名其妙”的愤慨：“我辛辛苦苦干了一年的活儿，到头来收下的谷子只能拿一半；而那地主老财整天待在家里玩，却平白无故拿走我一半的收成！”于是，愤愤不平的他就去找地主理论。没想到地主却说：“你别在这儿没数儿了，你也不想想，我要不把地租给你，你连这一半收成都没有！要我说的话，收成里我拿的份儿才少了呢！”

上面这个故事非常简单，但是又引人思考，地主跟老佃农的说法都有道理吗？没有老佃农的劳动投入，地里长不出谷子；但是没有地主的地，老佃农就是有再大的本事也不能“无土栽培”。其实地主和老佃农的矛盾就是一个典型的“公平”问题。

公平理论的核心是公平和效率的取舍与共生，这在公司治理、社会政策制定中是一个非常重要的问题。一般来说，主流经济学家在论述公平和效率的关系时，他们的论点一般是，公平和效率之间是“取舍关系”：过于重视公平，经济效率就会受到影响；过于重视效率，公平就得不到保证。但是，公平是一个非常复杂的问题，它和效率之间的关系也并不是这么简单。事实上，行为经济学家针对公平和效率之间的关系进行了许多研究，这些研究的结果给我们展示了公平和效率关系的另一面。

让我们来看看行为经济学中关于公平最具代表性的研究——最后通牒实验。

有两个被试 A 和 B，实验组织者首先给 A 10 元，让他提出一个与 B 共同分享这 10 元的分配方案，比如“5–5”就是两人各拿 5 元，“9–1”就是两人分别拿 9 元和 1 元。接下来，将 A 的分配方案告知 B，如果 B 同意 A 的分配方案，那么他们按照该方案分享这 10 元；但是如果 B 不同意，则实验结束，他俩什么都得不到。

让我们来分析这个实验：如果 A 和 B 都是绝对理性的，A 只要给 B 一个很小的份额（比如 1 元），B 就会选择同意，然后两人分享这 10 元。同时，只要 A 的分配方案被同意，从经济效率上讲，就是实现了最有效率的结果。但是，实验结果却显示，那些极端不公平的分配方案，比如“9–1”或者“8–2”极少被同意，而成交的分配方案则集中在“6–4”左右。也就是说，在现实经济生活中，人们并非像传统经济学中所说的那样“绝对理性”。

行为经济学原理

传统经济学认为公平和效率之间是取舍关系，但是在行为经济学中，公平和效率之间有时也是共生关系，即过度的不公平同样会导致经济效率的下降。

行为经济学认为，人们都希望得到公平对待，公平地对待别人和被别人公平地对待是人的基本社会要求。

人们的公平心理是否因经济、教育、社会地位和社会角色的不同而有较大的差异？在不同的环境下，人们基于公平心理做出的选择会有何不同？作为一种情绪，公平是否有一个极限？在何种情况下，公平会转化为风险情绪，从而对社会的发展和稳定造成极强的破坏性？贫富分化已成为人类经济社会广泛存在的情况，那么穷人的公平心理和富人的公平心理有何差别？现代人又该如何看待这个现象、调节自己的心理差距？

为了找到解答这些问题的线索，我们在新加坡、中国上海和中国兰州三地开展了一项关于公平心理的实验。实验受访对象包括大学生、白领和蓝领。其中，受访学生所学专业不一；白领与蓝领的职业遍布社会中的各个行业。实验的时间长达三年。

这个实验是按照我们上面谈到的最后通牒实验设计的，由两个玩家分享一定数目的钱。一号玩家是提议者，只能提出一种分享建议；二号玩家是回应者，有权接受或拒绝建议。一旦二号玩家接受，两人就要严格遵照建议分享钱数；一旦二号玩家拒绝，两位玩家谁也得不到钱。行为经济学用这个游戏来研究人们期望得到公平对待和公平对待别人的态度。

（A 卷）你在地上捡到 1 000 元钱，但是被另一个陌生人看见了（你先看见并捡起），不管什么原因，你必须和他一起分这笔钱，才能得到其中的一部分，否则你们两个人都将得不到钱；然而，如果你的分配方案被他拒绝，那么你们也都将得不到钱。

那么你会分________元给这个人，因为你觉得__________________。

（B 卷）你看见一个陌生人在地上捡到 1 000 元钱（他先看见并捡起），不管什么原因，他必须分给你一部分，否则他什么也得不到；如果最后你拒绝他的分配方案，那么你们也都将什么也得不到。

那么，这个人要分给你________元，你才不至于拒绝。

在 A 卷中，首先，有 3.3% 的人在即使面临被惩罚得一无所有的风险情况下，仍然选择一分钱都不分给对方，而是完全独自占有，我们称这种人为“纯自私者”，但是他们所承担的由惩罚带来的“风险损失”也最大；其次，有 3.7% 的人选择将 1 000 元全都分给对方，他们这样处理主要是基于自身经济状况的考虑，既然他们自身的经济状况不差，而对方要求分钱又可能是出于需要，那么就一分钱都不留给对方，我们把这种行为列入“纯粹利他行为”；最后，有 93% 的人选择与对方各占有 50% ：50% 或 40% ：60%，选择这样分配的人主要有两种心理：

一是“公平人”心理。他们认为大家应该机会均等，平均分才能体现公平。其实，50% ：50% 的分配或稍微偏离一些的均衡（如 40% ：60% 等）均可视为公平的分配；我们把按 50% ：50% 分配的人称为“纯公平人”，把按

40%：60% 分配的人称为“普通公平人”。

二是“理性人”心理。他们出于惩罚规则的考虑或受道德因素的影响，愿意牺牲一部分利益使得分配的结果显得公平。

在 B 卷中，有 85% 的人选择要得到 40%—50% 的金额，因为他们认为自己与陌生人有着相同的竞争机会，所以要均等分配才能体现“公平”；有 8% 的人选择至少要得到 50% 的金额，因为他们明白游戏规则中他们有机会要挟面临受罚风险的分配者，想借此获得更多的利益；有 7% 的人选择少于 40% 的金额，因为他们把自己定位为“搭便车”者，只要分配者愿意分配，他们便很感激，也觉得很幸运。

我们的研究还发现，在经济越落后的地区，人们对不公平分配的心理承受能力越弱；社会商业竞争越激烈的地区，人们对不公平分配的心理承受能力越强；受教育程度越高的阶层，人们对不公平分配的心理承受能力也越强。

男人和女人、老板和雇工

一个人对于婚姻的主观感受往往是对一种婚姻制度期望的投射，而期望的水平既有整体文化的普同性，又有群体之间的歧义性。我们此次问卷设计想通过对比生活在不同国家和地区的家庭中男性与女性的经济比例状况和公平心理来探索家庭分工、社会分配的另一个层面。我们的答案设计了五种由低到高的工资级别——在一定程度上代表了女性受男性的约束级别。

在家庭生活中，丈夫的工资是每月 20 000 元，你认为妻子的工资应该是每月（　　）。A.6 000—8 000 元；B.8 000—12 000 元；C.12 000—20 000 元；D.20 000—24 000 元；E. 妻子的工资不应受丈夫工资的影响；F. 以上答案都不对，我的答案是________元。

实验研究发现，女性在社会活动中的经济地位与男性的教育水平和收入成正比，进而影响到女性在家庭中承担的角色。社会中男性的教育水平和收入水平相对越高，女性在社会中的参与机会也越多，男女在家庭地位和角色分工方面也较均衡；相反，社会中男性的教育水平和收入水平相对越低，女性在社会活动中的参与机会也越少，进而在家庭角色中承担的责任和义务也较重。

在劳资关系的实验设计里面，我们的问卷基于“礼物交换游戏”。

（问卷 A）在经济发展的平稳时期，假设公司员工的工资是每月 15 000 元。现有两个人的工作量，但是公司只雇用你一个人，①你认为公司每月应付给你________元，你才不会拒绝这份工作；但是，如果你所要求的工资没有被公司接受，你也不会被录取。②如果将你对这份工作的投入度（即工作投入热情）用 1—10 分来表示，那么你的工作投入度将是________分，③因为你认为____________________。

（问卷 B）假设你是公司老板，在经济发展平稳时期，你给员工的工资是每月 15 000 元。现有两个人的工作量，你计划只雇用一个人，①你觉得每月付给他________元，他才不会拒绝接受这份工作。②如果将他对这份工作的投入度用 1—10 分来表示，那么你期望得到他相应工资的工作投入度是________分，③因为你认为____________________。

在问卷 A 的问题②中，有 13% 的人选择了 9—10 分，即最高级别的工作热情和态度，我们把他们称为“优秀员工”，因为他们认为，无论工资是多少，既然接受了这份工作，就会投入完全的热情。行为经济学将这种排除公平心态的行为列入“纯粹利他行为”的一种，即他们愿意不惜付出额外的没有酬劳的努力自愿去完成合同外的任务；有84%的人选择了6—8分，我们称他们为“普通员工”，因为他们会根据获得工资的多少来决定工作热情和认真态度的级别，限制付出，以满足他们的“公平心理”；有3%的人选择了5分以下，我们称他们为“问题员工”，因为在他们看来，工作以应付为主，工资是刺激他们工作的主要动力，但是工资不要太多，够用即可，而对待工作没必要太认真，只要不被辞退即可。

在处理问卷A和问卷B时，一个明显的区别在于，问卷A中的期望工资要高于问卷B中的。老板和员工的工资期望总是有差距的，老板们总是想尽办法付给员工尽可能少的工资，却希望员工对工作投入足够的热情，以创造最大的利润。

我们的研究认为：经济欠发达地区的员工较能承担超负荷的工作，对工资高低的心理承受能力较强，公平心理较弱；而经济发达地区的员工则相反。

我们的研究还发现：教育背景在员工的工作态度和成果方面有较大的影响，受教育程度越高的员工对工作的认真态度级别相对越高，因此企业应重视给予员工再学习、再培训的机会。

两种公平我都要

从上一部分的论述中，我们知道了公平对经济效率的重要影响，尤其是认识到了公平对于经济效率的保障和推动作用。那么，在现实生活中，我们究竟应当如何运用“公平”这一工具提升经济效率呢？

针对这一问题，美国行为经济学家斯塔西·亚当斯（Stacy Adams）提出了著名的“公平理论”（或称为“社会比较理论”）。在这一理论中，亚当斯认为，工资和报酬分配的公平程度与合理程度会对员工工作的积极性产生影响。

具体来说，亚当斯认为，当一个人完成了工作并取得了相应的报酬以后，他不仅关心自己所得报酬的绝对量，而且关心自己所得报酬的相对量。也就是说，他要进行种种比较来确定自己的报酬是否合理，比较的结果将直接影响今后工作的积极性。而这一“比较”又分为两种，即“横向比较”和“纵向比较”。所谓“横向比较”，是指员工将自己获得的报酬（包括工资、奖金、职位升迁以及受到领导的赏识等）和自己的“投入”（包括时间、精力、努力程度、接受的教育乃至各种无形损耗）相比，得出一个比值。员工会拿这个比值跟其他员工的相应比值进行比较，以确定自己是否受到了公平的对待。如果比较的结果显示他受到了公平的对待，他就不会采取什么行动；如果比较的结果显示他受到了不公平的对待，他就要采取一些行动以抵消这种“不公平”的感觉，比如要求公司提高自己的报酬、降低自己的努力程度，或者要求降低别人的报酬、要求别人付出更多的努力。

在进行横向比较的同时，员工也会进行“纵向比较”。所谓“纵向比较”，是指员工将自己现在获得的报酬和为了获得这笔报酬的投入相比，然后得出一个比值。员工会拿这个比值跟自己以前的比值进行比较，以确定自己是否受到了公平的对待。同横向比较一样，如果员工发现自己受到了不公平的待遇，往往就会采取类似于针对横向比较中不公平现象的措施，比如降低或提高自己未来的努力程度、要求获得更多的报酬等。

通过以上论述，我们发现公平理论其实非常强调个人主观感觉。因此，企业在日常管理中，要想照顾到每个员工的感受，让所有人都感到自己受到了公平的待遇，几乎是不可能实现的。但是，这并不妨碍公平理论成为企业日常管理中的重要指导原则。具体说来，从公平理论出发，我们可以得到以下管理启示：

第一，企业管理者要清楚地认识到，影响激励效果的不仅有报酬的绝对量，还有报酬的相对量。

第二，采取各种激励手段时应力求公平，尽量使激励报酬的分配在客观

上是公平的，这样即使员工主观上可能存在不公平的感觉，但也不至于产生严重的心理落差。

第三，在激励的实施过程中还应注意对员工公平心理的合理引导，使其树立正确的公平观：一是要使他们认识到绝对的公平是不存在的；二是引导他们不要盲目攀比；三是不要采取按酬索劳的报酬方式，因为按酬索劳是在公平问题上造成恶性循环的罪魁祸首之一。

由此出发，在企业激励的制度设计上，聪明的企业管理者往往采取以下具体措施：

第一，为了避免员工产生不公平的感觉，管理者要在企业中营造一种公平合理的氛围，使员工产生一种主观上的公平感。比如有的企业采用保密工资的办法，使员工相互不了解彼此的薪酬水平，以免员工相互比较而产生不公平感。

第二，采取团队建设法。这种管理方法注重团队技能的提高和团队合作的有效性，并将最终的报酬与团队绩效挂钩。这样的管理方法有助于员工在

行为经济学原理

工资和报酬分配的公平程度与合理程度会对员工工作的积极性产生影响。在具体机制上，员工会通过“横向比较”和“纵向比较”来确定自己是否受到了公平的对待，进而根据自己比较的结果采取相应的对策。从公平理论出发，我们得出了一系列的企业管理启示，并给出了具体的管理方法，比如企业公平文化氛围的营造和团队建设。

日常工作中忘记小我、成就大我，从而在主观上减少不公平感觉的产生，进而为了团队乃至企业的利益努力工作。

第二节 “你快乐所以我快乐”——利他行为

“利他行为”在字面上的意思就是有利于他人的行为，它要求人们在短时间内做出个人利益的牺牲，以产生正的外部性。对于利他，我们可以从两个方面更精确地定义：从结果上，只有确切地产生了利他的结果的行为才是利他行为；从动机上，不要求行为产生特定的结果，只要行为的发生出于人的利他心，我们就可以说这种行为是利他行为。这两种不同定义的冲突突出地表现在哲学界对道德评判标准的功利论和义务论之争上。社会学一般把利他行为分为以下三种：亲缘利他、纯粹利他和互惠利他。

汶川大地震中的母亲

2008 年 5 月 13 日下午，都江堰河边一处坍塌的民宅，数十名救援人员在奋力挖掘，寻找存活的伤者。突然，一个令人震惊的场景出现在了救援者眼前：一名年轻的妈妈双手怀抱着一个三四个月大的婴儿蜷缩在废墟中，她低着头，上衣向上掀起，已经失去了呼吸，怀里的女婴依然惬意地含着母亲的乳头，吮吸着，红扑扑的小脸与母亲沾满灰尘的双乳形成了鲜明的对比。

“我们小心地将女婴抱起，离开母亲的乳头时，她立刻哭闹起来。”医生说，看到女婴的反应，在场者无不掩面流泪。

这里还有一个关于母亲的故事。

火灾中的母亲

清晨，一幢居民楼起火了，因为道路狭窄，消防车开不进去，消防队员不得不采用人工缓冲垫救人。被火势逼到楼顶的居民走投无路，不得不一个个跳下。前面所有人都用背部落地的方式成功逃生，只剩下一位裹着大衣的女人。她踌躇再三，终于跳了下来，却是一头栽在垫子上，鲜血直流。救援人员解开她的大衣，震惊地看到高高隆起的腹部，她是一位准妈妈！“快送我到医院，剖腹，孩子还能活……”这位母亲用对自己最危险的姿势，拯救了腹中的孩子，将生命之火延续了下去。

无论在人类社会或生物世界，亲缘利他在父母与子女的关系上表现得尤为充分和感人。而随着亲缘关系的疏远，亲缘利他的强度也会逐步衰减。

行为经济学原理

“亲缘利他”是指有血缘关系的生物个体为自己的亲属提供帮助或做出牺牲，例如父母与子女、兄弟与姐妹之间的相互帮助。一般情况下这种以血缘和亲情为纽带的利他行为并不含有任何“功利”的目的，不过是大部分生命体都具有的本能表现罢了。

羚羊的故事——纯粹利他

“从其他人的快乐中得到快乐”获得的激励，曾被经济学家詹姆斯·安德烈奥尼（James Andreoni）称为“纯粹利他主义”动机。亚当·斯密的《道德情操论》中对此有过精辟的论述：“无论一个人是多么自私，在他的本性里还是很明显地存在一些原则的，这些原则让他关注别人的命运，给别人他们所需要的幸福，尽管他自己不能从中得到什么，除了目睹他人的快乐。如果把看到别人快乐而引起自身的快乐也看作‘自私’。”这段文字包含了这样一个观点：人们的激励不仅来自自己的得失，别人的得失也是一个原因。

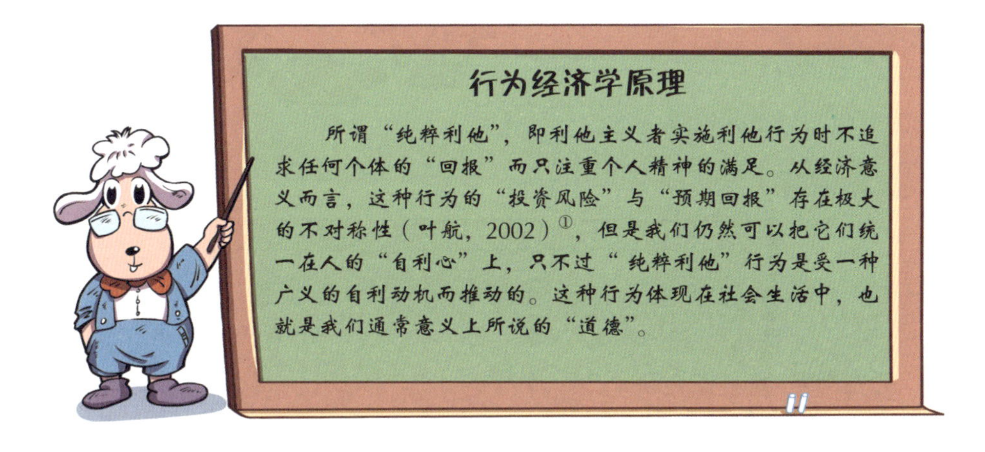

对于生活中和实验中的合作行为，有一种解释便是纯粹的利他主义，即有的人会从其他人的快乐中得到快乐。但是实验结果表明这也不能完全解释合作的原因。还有人提出“非纯粹的利他主义”，用来解释合作行为的本身而不是过程，这类人认为合作这个行为可以满足他们非工具性的道德要求。

---

① 叶航:《利他行为的生物学和经济学解释》，第二届中国经济学年会入选论文，2002年。

非洲的蝙蝠——互惠利他

知恩图报的蝙蝠

有一种生活在非洲的蝙蝠，以吸食其他动物的血液为生，连续两昼夜吃不到血就会饿死；因此，一只刚刚饱餐一顿的蝙蝠往往会把自己吸食的血液吐出一些来反哺那些濒临死亡的同伴，尽管它们之间没有任何“亲属”关系。但生物学家发现，这种行为遵循着一个严格的“游戏规则”——蝙蝠们不会继续向那些“知恩不报”的个体馈赠血液。

行为经济学原理

在人类社会中，“互惠利他”表现得更加广泛，几乎在任何领域，都有形形色色的“互惠利他”行为的存在，事实上，也正是人类理性的互惠，才使得贸易成为可能，并构建了社会信任与社会公平的基础（叶航，2002）。

所谓的“互惠利他”，即没有血缘关系的生物个体为了回报而相互提供帮助。生物个体之所以不惜降低自己的生存竞争力而帮助另一个与己毫无血缘关系的个体，是因为它们期待日后得到回报，以获取更大的利益。互惠利他类似于某种期权式的投资。与亲缘利他相比，互惠利他有着更为苛刻的条件限制和环境要求，它不是必然要发生的，这种利他行为是基于狭义的利己动机而产生的，尽管在动物界也有所体现，但是只有在人类社会才能如此完整而深刻地表现出来。

冤冤相报何时了

在现实生活中，我们很容易找到关于互惠的例子，积极互惠广泛存在于社会活动之间。例如，义务献血的人可以在危难时刻优先获得他人的献血。许多商店、餐厅和宾馆对服务人员的表情与举止要求十分严格，因为人们很难拒绝他人的微笑和热情。战争、黑帮犯罪往往和消极互惠有关。在古代，一个游牧部落在倾尽全力征服另一个部落后，往往会采取诸如屠城之类的野蛮报复行为。又如，武侠小说中经常提到“冤冤相报何时了”，一些人可以说是为了复仇而生，甚至牺牲自己的前途和生活。

很多研究表明，人群中相当大比例的人具有互惠的倾向。行为经济学家在进行了大量的相关实验研究后，提出人群之中存在不同的行为模式，并把人群分为自利人群（指没有互惠行为而且完全自私的人群）和互惠人群（指具有上述互惠行为模式特点的人群）。前者占20%—30%，后者占40%—66%。不管这个数字是否准确，至少有一点是很清楚的：互惠行为模式确实存在，而且在很多人身上都存在。承认并充分地认识互惠，将会对经济学理论产生非常重要的影响和改变；把互惠加入经济学假设，也有利于经济学更加真实、准确地反映现实。

被试为A和B，两人进行博弈。

博弈1：由B单方面决定自己和A的收入，方法为从两种收入分配（700，300）和（500，500）中进行选择。其中，括号中的前一项代表B

的收入，后一项为 A 的收入。

博弈 2： 在 B 做选择之前，A 有一个（1 000，0）的选择，如果 A 不采用该选择，则 B 面对的选择与博弈 1 中的相同，即要求 B 在（700，300）和（500，500）中做出选择。

博弈 3： 我们对 A 给出了（500，500）的选择，如果 A 不采用该选择，则 B 面对的选择与博弈 1 中的相同。

结果发现，在博弈 2 中有 72% 参加测试的 B 会选择（500，500），这个比例比博弈 3 中做出相同选择的 B 的比例大很多。因为在博弈 2 中 B 会觉得 A 很“仁慈”，但是在博弈 3 中 B 会觉得 A 很“不仗义”。这里，前者就是积极互惠，而后者就是消极互惠。

首先我们回顾一下日常生活中常见的三个事实：

（1）人们愿意牺牲自己的福利来帮助那些对自己友好的人。

（2）人们愿意牺牲自己的福利来惩罚那些对自己不友好的人。

（3）在需要牺牲的福利相对较小时，上面提到的两种心理对于人的行为有着较大的影响。

这三个事实勾勒出了日常生活中人们对于公平的理解，或者说是对积极互惠和消极互惠的概括。下面我们将把这些行为模式添加进经济学模型，并通过模型分析来研究它们会不会显著地改变人们最终的决策结果。

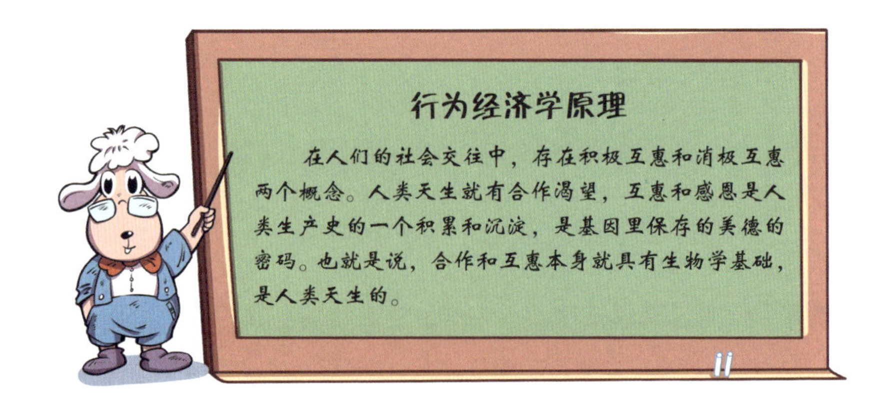

与公平类似，传统理论对于互惠的解释是不充分的，尽管在某些时候人们会对他人友善的行为采取更友好的反馈，但是这往往是因为他们追求未来的利益。例如在“针锋相对”的博弈策略中，尽管人们会对他人“礼尚往来”或“以牙还牙”，但是这都是基于他们当前或未来自身利益所采取的行动。而在大量的实证分析中研究人员发现：即便需要付出很大的代价，而且并不能在当时或未来产生任何收益，或者即便他们面对的是陌生人，仍然有相当一部分人会报答友善的行为、报复敌对的行为。

第三节 以牙还牙还是礼尚往来

贪婪的搭便车者

有7个陌生人，每人分到5美元。如果他们中有足够多的人把自己的资金投入公共产品（根据实验的需要确定为3人或者5人），那么不管是否参与投资，每个人都会得到10美元的奖金。因此，如果有足够多的人参与投资公共产品，每个贡献者最终将拥有10美元，而不参与贡献的人将会有15美元。

如果参与贡献的投资人数不够，没有投资的人可以保留他们原先的5美元，而投资了的人将一无所有。实验对象不能相互交谈（这一点在后来的实验中有所更改）。

在搭便车的游戏里，可以找出两种不参与投资的理由：第一种理由我们称之为“担心”，指参与者可能会担心当自己做出贡献时没有足够多的人响应，这些贡献就白搭了；第二种理由我们称之为“贪婪”，指参与者自己不投资，而指望别人的贡献可以给自己带来 15 美元的收益而不仅仅是 l0 美元。

通过调整游戏规则，经济学家考察了“担心”和“贪婪”对参与者选择的影响程度。

改进实验一。在“不贪婪”的情况下，激励的条件改成：如果投资者的数量足够多，那么所有的参与者都将得到 10 美元（而不是贡献者得到 10 美元、搭便车者却得到 15 美元）。

改进实验二。在“不担心”的情况下，投资者将获得一个“退款保障”：如果一个参与者贡献了，而他的资金没有其他人的响应，那么他可以拿回自己的投资（但是在这个条件下，如果公共产品的投资得到了响应，投资者可以得到 10 美元，而搭便车者可以得到 15 美元）。

一个可能的解释是，在“不贪婪”的情况下比在“不担心”的情况下更有可能形成稳定的均衡。参与者在“不贪婪”的情况下认为经过削减的报酬机制能够激励其他人投资，他们自己参与的积极性也会提高，因为如果没有足够多的其他人参与贡献就会出现唯一的消极结果。相反，参与者在“不担心”的情况下认为这样的条件会激励其他人更加积极地参与投资公共产品，因此会诱使他们比前一种情况更倾向于搭便车。同样，别人也会和自己一样有强烈的搭便车动机，由此得出的结论是他们自己应该贡献公共产品……这是一个无限循环。

前面的实验不允许参与者进行合作，如果加入合作的因素，那么结果会出现什么样的变化呢？

改进实验三。12 个小组，激励机制与前面相同，但是允许他们相互交谈。

这种讨论的效果是显著的。每个小组都用这段时间来讨论在小组中哪些人员被指定做出贡献。在这种分配的决定中，抽签是主要且公平的方式，也有一些自愿的现象。有一个小组还试图通过比较每个人对产品的效用来确定相对的“需要”。无论每组采取了什么样的方法，它们都有效地解决了问题。12 个小组都有效地供应了公共产品，其中 3 个小组有超额人员参与了投资。这样的结果与先前的实验结果是一致的。指定为贡献者的参与者不能再“贪婪”地希望从搭便车中得到更多的利益，因为他的这份投资是取得奖金的关键（除了有超额投资的 3 个小组）。更重要的是，在指定贡献者的小组中，其他人也会受到指定贡献者这种机制的激励而参与贡献。这种信念会提高对指定贡献者的投资激励，而不是削弱其动机。

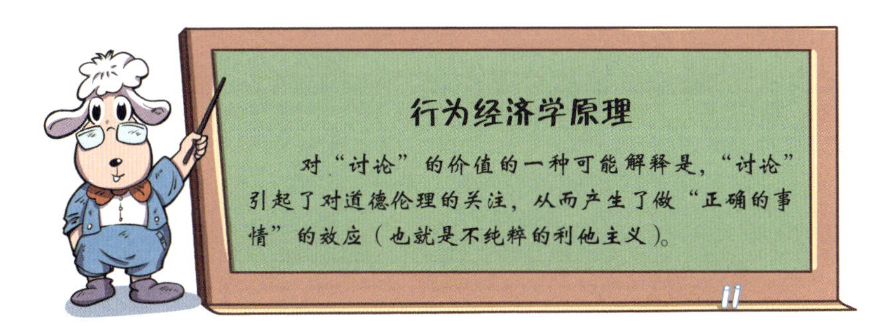

承诺与合作

为了检验这一假说，经济学家又设计了一组新的实验。

改进实验：在这个实验中，7 个被试每人获得 6 美元，他们可以选择自己拥有这些钱或者将钱投资到公共产品上，后者可以给小组内的其他 6 个成员带来 12 美元。14 个被试组成的大组首先在一个休息室里会面，但是不能交谈。随后根据随机原则分成两个小组。一个小组允许讨论并做出决定，另一个小组则不能。实验组织者告诉第一组成员，贡献出的 12 美元将会流向组内的其他 6 人手中；告诉第二组成员，贡献出的 12 美元将会流向另外一个组的 6 人手中。

结果很明显，在不允许讨论的小组里，只有30%的参与者捐出钱，他们的主要动机是“做好事”，而与奖金激励制度无关，也就是所谓的纯粹利他。允许讨论使得合作率上升到70%，前提在于要让他们相信这些钱会流到自己小组内的成员手中，否则贡献率一般低于30%。确实，在这样的群体中，我们可以经常听到这样的评论：最好是自己组内的成员都不要出钱，而由另一个组的成员出钱。

因此，团体认同看起来成了避开搭便车的一个关键因素。这些研究一再阐明，支付激励规则的调整对投资名额分配的改变远远弱于十分钟讨论的效果。

在允许讨论的小组中，一个很普遍的现象是小组成员都承诺捐款。改进实验中，经济学家研究了这些承诺对合作产生的重要性。或许人们是受自己承诺的约束，或者是因为相信当其他人受到承诺的约束会选择合作，而如果他们自己也选择合作，将会获得“不错”的回报。

行为经济学原理

只有群体的每个成员都承诺合作，承诺与合作才具有相关性。在这种普遍承诺的群体中，合作率显著高于其他群体。在承诺合作并不普遍的小组中，参与者选择合作或者背叛和参与者是否承诺合作，以及承诺合作的参与者数量并没有必然联系。因此，在整个群体中，承诺的人数与群体的合作率是不相关的。这些数据与团体认同重要性的结论是一致的，普遍地承诺产生或反映了团体认同。

在以上一系列实验中，经济学家通过对实验条件的控制探究了人们搭便车的动机，以及到底是什么因素影响了合作率。他们发现，讨论可以显著地提高合作率；进一步分析发现，讨论中的团体认同可以唤醒人们非纯粹利他主义的动机，从而大大减少合作中的搭便车现象。然而，讨论及建立团体认同的作用却很难融入传统的经济学分析。有一个试图解释这一问题的传统经济学家提出，小组讨论的作用只是使得被试更加糊涂，以至于他们自己都没有明白背叛其实是他们的最佳策略。但是无论如何，这些研究对于为了更好地理解公共产品供给和其他两难选择困境中凸显的问题有着重要的意义。

生活小贴士

本章我们介绍了一些常见的社会行为理论：公平理论、互惠理论、利他行为理论，等等。这些理论在现实生活中有着非常丰富的表现形式。公平理论的核心是公平和效率的取舍与共生，这在公司治理、社会政策制定中是一个非常重要的议题；互惠理论与公平理论紧密相关，它解释了某些时候人们对他人采取友好行动的出发点是追求未来的利益；利他行为理论显示，人们有时会在短时间内做出个人利益的牺牲而使“社会丰裕”，一般分为亲缘利他、纯粹利他和互惠利他三种模式。

阅读了本章之后，你一定能够发现，生活中人们种种行为的背后都蕴含着深刻的行为经济学原理。

第一，如果员工感觉自己受到了“好的不公平待遇”（即觉得自己受到了超过自己努力程度的奖励），那么一开始他可能会觉得不好意思，于是会提升自己的努力程度。但是时间一长，他们会重新评定自己的“硬件条件”，比如技术水平、管理能力等，进而得出结论：“我确实应该得这么多钱，只不过我之前没有意识到而已。”

于是他们会渐渐放弃用努力工作来维持自己的高报酬，努力程度会回到以前的水平。在进行横向比较的同时，员工也会进行纵向比较。员工们会拿这个比值跟自己以前的比值进行比较，以确定自己是否受到了公平的对待。与横向比较一样，人们一旦发现自己受到了不公平的待遇，往往就会采取类似于针对横向比较中不公平现象的措施，比如降低或提高自己未来的努力程度、要求更多的报酬等。

第二，通过上面的论述我们可以发现，公平理论非常强调个人的主观感觉。比如，从比较的要素来看，所有的要素（自己的报酬和投入以及他人的报酬和投入）都是建立在个人主观评定的基础之上的，而且人们往往存在这样一种倾向，即高估自己的投入而低估他人的投入。因此，企业在日常管理中，要想照顾到每个员工的感受，让所有人都感到自己得到了公平的待遇，几乎是不可能实现的。

第三，经济越发达、社会商业竞争越激烈、人的受教育程度越高，人们对不公平的心理承受能力越强。在机遇和惩罚风险并存的情况下，不同地区和经济环境下人们的公平心理相近；当行为面临被惩罚的风险时，人们的表现会显得比较“公平”；公平心理和行为可以借鉴社会相关法律法规的制定，用以约束一定群体的行为，保证社会各阶层的相对公平和均衡。

第四，女性在社会活动中的经济地位与男性的受教育程度和收入水平成正比，这进一步影响到女性在家庭中承担的角色。社会中男性的受教育程度和收入水平相对较高，女性在社会中的参与机会则较多，男女在家庭地位和角色分工方面也较均衡；反之，女性在社会活动中的参与机会较少，进而在家庭角色中承担的责任和义务也较重。受传统教育和观念的影响，尽管大多数现代女性的受教育程度越来越高，但是出于家庭角色划分和自然性别差异，她们会较主动地选择低于男性的社会地位，在社会财富拥有方面也少于男性。

第五，无论是否在不同经济发展阶段的社会中工作，雇主和员工的劳资期望总是有差距的。雇主们总是想尽办法付给员工尽可能少的工资，却希望员工认真地对工作投入最大的热情，以创造最大利润。教育背景在员工的工作态度和成果方面有较大的影响，受教育程度越高的员工对工作的认真态度级别也越高，因此企业应积极重视给予员工再学习、再培训的机会。

第六，生活在经济不发达地区的人们对于贫富分化非常敏感，他们的公平心理极限也较高；人们通过社会第二次再分配的机会来达到社会相对公平的期望也较高。因此，对于社会中的贫穷群体及其所处区域的社会福利、税率制定等，政府应当予以相当的关注并秉持审慎的态度。

第七章

我们为什么不理性——投资行为理论

股指一路下跌，跌到地板的时候大家都以为见底了，谁知地板下面还有地下室，跌到地下室下面还有十八层地狱，当跌到十八层地狱时，有位投资者问阎罗王："这回可是真正见底了？"岂料阎罗王哈哈大笑说："你又错了！经过再融资之后，我已经将地狱扩建到36层了！"

经典的经济学和金融理论认为，个体在投资活动中是理性的。他们在进行投资决策时会进行理智的分析，当股票价格低于上市公司的内在价值时，投资者开始买入股票；而当股票价格高于上市公司的内在价值时，投资者开始卖出股票。证券市场也由此形成一种价值投资的氛围。但事实并非如此。投资领域中存在价格长期严重偏离其内在价值的情况，主要原因是上市公司未来的价值本身具有许多不确定性，正是由于这种不确定性引发了投资者心理上的非理性因素，投资者共同的非理性投机形成了市场的暴涨和崩盘现象。

第一节 脑袋决定屁股——投资者情绪

疯狂的郁金香

17 世纪初，一个小小的郁金香球，导致了当时的欧洲金融中心——荷兰的衰落。

天价郁金香

1593 年，一位刚被任命的来自维也纳的植物学家，把一束来自土耳其的特殊植物带到莱顿的同时，也带来了一场投机狂潮的种子。在以后的十年中，郁金香成为荷兰花园中名贵的园艺植物。并且，由于“花叶病”带给郁金香奇异的色彩，大众更加认为越是奇异的球茎就越值钱。起先，人们会预测来年最流行的郁金香杂色样式。后来，人们开始购进大量球茎存货，期望价格上涨。果真，郁金香球茎价格急剧上蹿。球茎越是昂贵，视之为明智投资的人就越多。所有人都设想市场对郁金香的热情会永远持续下去，来自世界各地的买家将会云集荷兰，无论开价多少，他们都会接受。到了后期，人们开始不惜以土地、珠宝、家具等个人财产交换小小的郁金香球茎，因为这样可以让自己变得更加富有。此刻，郁金香球茎的价格已经变成了天文数字。

金融市场具有与生俱来的高能力，给这个市场火上浇油，创造出的看涨期权赋予持有人在特定时间内以一个固定价格（通常接近于当前市场价格）买进郁金香球茎（要求交割）的权利。期权购买者只需支付一笔“期权费”（相当于市价的 15%—20%）。例如，一个郁金香球茎现价为 100 荷兰盾，那么购买一份郁金香球茎的看涨期权，期权买方只需支付 20 荷兰盾。如果郁金香球茎价格上涨至 200 荷兰盾，期权持有人便会执行期权：以 100 荷兰盾买进一个郁金香球茎，同时以 200 荷兰盾转手抛出，利润为 80 荷兰盾（买卖差价 100 荷兰盾减去期权费 20 荷兰盾）。这样，投机者便享受了资金翻了三倍的乐趣，而直接购买货物，他的资金只能翻一倍。

利用看涨期权，可以在承担更小风险的同时放大投资效果。期权是一种杠杆投资方法。杠杆投资指的是增加一笔投资潜在回报（或风险）的技术。

行为经济学原理

投资者都是存在情绪的。没有任何投资者能机械地按照传统金融理论来分析收益最大化的资产组合，包括金融分析机构。投资者时而相互跟风，时而相互抵制；时而对投资机构十分信任，时而对投资机构的建议置之不理。在股市和其他金融市场上，投资者的情绪对传统理论造成了很大冲击。

很明显，正如所有投机狂潮中发生的情况一样，当价格最终升至令人不安的水平时，便会有人决定采取谨慎策略，开始清仓，不久其他投资者也会尾随清仓。正如雪球滚下山一般，郁金香球茎贬值的速度越来越快，刹那间就让整个市场笼罩在惶恐之中。交易商们宣告破产，拒绝如期履行购买义务。有鉴于此，政府出台了一项计划，以合同面值的10%清算所有合约。但当郁金香球茎的市价跌破这一水平时，该计划也只能告吹。价格继续下跌，直到郁金香球茎甚至还不如一个普通洋葱头值钱。

坏消息跑得更快

在牛市的时候，人们总爱关注年化收益率很高的股票，并期待着更多这样的情形出现。而在熊市的时候，人们注意的焦点总是最近表现糟糕的股票，从而变得过分悲观和保守，虽然市场上有重大消息发布，但股价往往未见波动，而一些较大的波动却出现在没有任何消息的“真空”日子里。

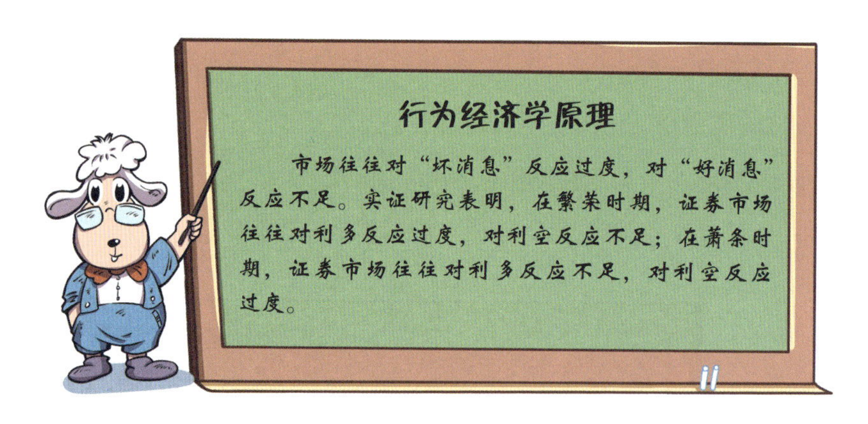

研究表明，以上论述反映出来的投资者情绪主要源于两种重要的心理学现象：保守心理和表现启发式思维。

所谓保守心理，是指人们在面对新的

事物时，观念改变较慢。保守心理是对反应不足的现象极具启发性的解释。当保守的个人获知一则盈利公告时，他们会认为这里掺杂着大量暂时性的成分，因此很可能忽略全部的信息。结果，他们至少在一定程度上坚持自己原先的判断，仅在有限的水平下根据新的信息对自己的评价进行调整。在这种情况下，个人很可能对先前的信息赋予较高的权重，反而低估了当前更加有用的新信息。

另一个被心理学家们证实的重要结论是，个人具有表现启发式思维。正如我们前面所讲的，人们在解决问题时，通常采用较简捷的经验式启发法。个人通过以下两种维度对不确定事件的可能性进行预测：样本与总体在本质特征上的相似程度；样本产生过程中相对于显著特征的反应程度。比如，当对一个人的具体描述和你所熟悉的某一特定职业从业者的经历十分吻合时，你就很可能会高估这个人从事这种职业的概率。经济学家进一步对这种思维方式进行了解释：人们相信他们看到的行为方式实际上是随机排列的。这是对过度反应现象的一种引人深思的解释。

值得指出的一点是，锚定心理也是产生反应不足的原因。按照前面章节的介绍，锚定心理是指人们在判断和决策中，往往先选择一个最容易获得的信息作为标准——“锚点”，其后面所做的判断和决策都围绕这个“锚点”展开，不会偏离太远。这种锚定心理是人们对以往信息和判断的一种依赖心理，这使得投资者在面临新信息时有一种不愿意改变看法的心理。实证研究表明，在重要信息发布的时候，价格只有少许的变动，随后在没有什么重大信息发布的时候，价格会发生巨幅变动。

此外，还有经济学家在研究中给出了反应不足和反应过度的统计数据，并在此基础上建立了关于投资者情绪的模型。这些模型分析了股票市场上短期股

价报酬与投资者情绪正相关和长期股价报酬与投资者情绪负相关的现象。不过这些分析都是建立在信息和投资者情绪的基础上的。

第二节 猴子才是投资高手——有限套利

最后的防线

孪生股权

孪生股权：壳牌实际上是两家公司——荷兰皇家石油和英国壳牌运输。两家公司在 1907 年就已经合并，但在荷兰和英国保留了两个总部，股票也各自上市，利润按 60%∶40% 分配，其中荷兰皇家石油占 60%，这些都是公开的法律文件。如果无套利机会成立，二者股价之比就应该接近 6∶4，否则存在套利机会。但实际的股价却与 6∶4 相去甚远。1998 年，已经因为俄罗斯国债倒账陷入重重危机的长期资本管理公司（LTCM）宣布，公司不得不从荷兰皇家石油和英国壳牌运输的套利交易中退出，总额达到 23 亿美元。LTCM 的套利交易非但没有减小股价偏离 6∶4 的程度，1998 年股价的偏离程度反而更大了。

2000 年网络股热潮时，3Com 公司决定将全资子公司 Palm 分拆上市。3 月 2 日，3Com 卖出了 Palm 5% 的股权（仍持有剩余 95%）进行首次公开募股。3Com 同时宣布，将在未来 9 个月以内将剩余的 95% 股权分立，即将 95% 的 Palm 股权以特别股息的方式派送给 3Com 的股东———每持有 1 股 3Com 的股票，可获得 1.5 股 Palm 的股票，同时实现母子公司经营的分离。2000 年 3 月 2 日，Palm 的收盘价为每股 95 美元。3Com 是一家运营状况良好的公司，而且 Palm 在分拆时还只是 3Com 的一部分，因此有理由相信 3Com 的收盘价不应低于每股 142 美元（Palm 的 1.5 倍）。然而，3Com 的实际收盘价是 81 美元。3Com 除 Palm 以外部分的市场估值竟然是每股 −61 美元。这样的定价严重偏离了无套利机会，并且持续了两个月。

自 20 世纪 80 年代末开始，行为金融理论的研究得到了飞速发展，其结论通常与有效市场假说相悖。后者最著名的论断之一是，由于套利是无限制的，套利者的行为总是可以使得金融市场不偏离其基本价值。但是，事实往往并非如此。

行为经济学原理

现实中的套利不仅充满风险，而且作用有限。伴随着行为金融学的发展，许多西方学者对现实市场中投资者的有限套利行为进行了深入研究，形成了内容丰富的有限套利理论。

蒙着眼睛掷飞镖

有效市场假说建立在股票价格随机游走的基础之上。不同的学者对于有效市场假说有着不同的定义。很多学者曾经把股票价格游走作为市场有效的评判标准；也有学者从投资者或者投资机构对信息的利用无法获取超额收益的方面来定义有效市场；还有学者认为证券市场正确反映了所有的相关信息，即使存在内幕信息，只要这些信息不影响价格，也不能获取超额收益，这样市场就是有效的。

有效市场假说是一种理性的均衡结果，这个理论建立在以下三个假设之上：第一，投资者是完全理性的，能够完全理性地估计资产价格；第二，即使投资者不是完全理性的，由于交易的随机性，交易对价格的影响也会互相冲销；第三，即使投资者非理性且行为趋同，非理性交易不能互相冲销，套利者的理性行为也可以冲销其对价格的影响。这三个假设可以分别概括为理性假设、随机交易假设和有效套利假设。

在这三个假设的基础上，有效市场假说能够达到这样一种结果：即使让一只被蒙着眼睛的猩猩通过掷飞镖的方式来选择投资组合，其收益也和投资专家们的投资组合收益相差无几。

股票经纪猴

2009 年的俄罗斯股票市场上投资眼光最准的是谁？一只猴子！它在一年中选中的股票总存量已增值 3 倍，比大部分俄罗斯金融分析师赚的都多。

这只名叫卢克里的猴子是俄罗斯“杜罗夫爷爷的角落”剧院的一只马戏猴。

2008 年 12 月，它被俄罗斯《财经》周刊的金融实验选中成为一名虚拟股票经纪人。实验中，卢克里在 30 枚表示俄罗斯不同公司股票的骰子中，选择 8 枚进行投资组合，并向它们投入 100 万虚拟卢布。同时，它把自己的资产分为两半：一半投入国有公司，另一半则投向私营企业。

当2009年年底金融专家们对猴子所选股票投资总存量价值变化进行观察时，结果令人大吃一惊。在过去的一年中，这只猴子购买的矿业公司股票上涨了约150%，电信企业股票增值240%。不过，为猴子带来最大收益的是银行业股，涨幅达600%。

俄罗斯《财经》周刊主编奥列格·阿尼西莫夫感到惊讶："猴子很走运。它在市场正陷入谷底时成功买入，其股票总存量上涨了将近3倍。同时，它赢了整个市场。俄罗斯94%的基金输给了一只猴子。所有人都感到震惊。现在要怎样取得分红呢？把钱寄到马戏团？"

有效市场假说是这样分析的：如果投资者是理性的，他们就能够理性地估计出资产的价值和相应的价格，理性地投资并且获取相应的等值收益；即使存在非理性的投资者，对股票价值高估或者低估，造成价格偏离价值，这种偏离也是不会长久存在的。因为随机交易总会使得高估和低估互相抵消，价格偏离互相对冲，从而使得价格恢复到价值上。即使这样也不能成立，比如非理性行为趋于一致，错误估计也是一样的，或者所有人都同时听信一种错误估计，导致随机交易不能冲销价格偏离，但是总会存在理性的套利者，利用这种机会有效地套利，从而使得价格恢复到资产的基本价值上。

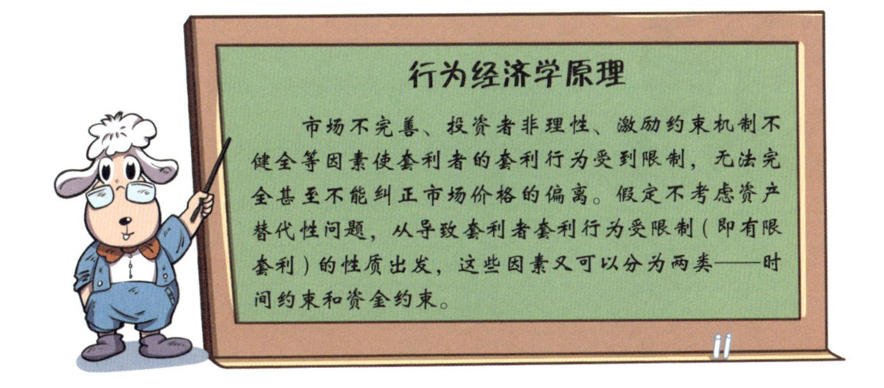

然而，这种套利所需要的条件很难实现，由此行为经济学家提出了有限套利的说法。

时间约束是指，相对于套利者买卖资产的期限而言，相关资产价格回归其基本价值的期限更长，使得套利者不得不在价格回复到基本价值水平之前出售或购入相关资产。资金约束是指，受资金规模的限制，当套利者面对套利机会时（资产价格低于其基本价值），无法购入合意规模的相关资产。对于一般套利者来说，资金约束可能源自信贷配给；对于专业套利者来说，资金约束则可能源自普通投资者的撤资。比如，就开放式基金管理人而言，若其过往业绩欠佳，则有可能面临基金投资者的赎回。

第三节 谁阻碍了我们赚钱——投资决策偏差

出发！炒房去！

投资对于中国人来说，永远不是选做题，而是必做题。中国人炒作过农产品，也追捧过艺术品，更不用说房产、股票、基金这等热门投资品种。早在21世纪初，炒房就已经形成气候，“温州购房团”更是声名鹊起。他们目光炯炯、胸怀大志，欲将天下房产一网打尽！温州人炒房是真的，温州人炒房发了财是真的，温州人炒房被推波助澜地夸大、被别有用心地操纵也是真的。这场有关温州购房团的“真实的谎言”何以滋生，其背后是否包含有关中国社会经济脉象的别样滋味？

行为经济学原理

判断偏差——温州购房团常常被人们认为是房价上涨的罪魁祸首之一。但实际上，购房团的购房数量对于整个房产市场来说是微乎其微的。由于媒体的经常报道、这一事件的独特性、购房与我们的生活息息相关等，使我们夸大了购房团的影响。事件的新近性、生动性以及我们在其中投入的情感等，都会让我们高估某事件的概率，从而对其赋予过高的权重。这样做出的决策，自然会有程度不等的偏差。

2008 年世界金融危机之后，关于资产泡沫怪圈的形成和破灭引发了广泛的讨论。中国 A 股市场发生的股灾也给投资者带来了巨大的损失，关于中国股市泡沫的问题也争论不休。实际上，中国股市泡沫争论主要是源于“初始值”的“锚定”：泡沫论者 A 将中国 A 股市场估值的初始参照值锚定为美国等发达国家成熟股市的市盈率而引发了泡沫之争；泡沫论者 B 将中国 A 股上市公司成熟度的初始参照值锚定为所谓国际标准的上市公司成熟度而引发了泡沫之争；泡沫论者 C 将上证指数合理点位的初始参照值锚定为五年熊市的极端值 998 点而引发了泡沫之争……

同时，“锚定心理”的一个特点在于人们在进行判断时常常过于看重那些显著的、难忘的证据，也就是人们容易把这些证据当作参照系，而在这种情况下人们很容易从中得出被歪曲的认识。例如，中国有句俗话“一朝被蛇咬，十年怕井绳”，这实际上也是“锚定心理”非常形象的一个体现。

其实，争论泡沫本身并没有意义，不同决策者视角、思维、理念的不同，势必对初始值产生不同的“锚定”，不争论泡沫并不表示股市本身没有泡沫。市场有其自身的规律，众多市场参与者对初始值难有一致的结论。泡沫本身并不可怕，正是由于泡沫，人们才有了丰厚的回报。对于一个成熟的投资者而言，不应去锚定一个目标值并以此做决策，市场有市场的规律，并不是以我们的个人意志为转移的。

买彩票还是买保险——投资方案的选择

假设一家公司面临两个投资决策：投资方案 A 肯定盈利 200 万元，投资方案 B 有 50% 的可能性盈利 300 万元、50% 的可能性盈利 100 万元。这时，如果公司的盈利目标定得比较低，比方说是 100 万元，那么方案 A 看起来好像多赚了 100 万元，而方案 B 则是要么刚好达到目标，要么多盈利 200 万元。方案 A 和方案 B 看起来都是获得，此时员工大多不愿冒风险，倾向于选择方案 A。如果公司的盈利目标定得比较高，比如说 300 万元，那么方案 A 就像是少赚了 100 万元，而方案 B 要么刚好达到目标，要么少赚 200 万元。此时两个方案都是损失，员工反而会抱着“冒冒风险说不定可以达到目标”的心理，选择有风险的方案 B。可见，老板完全可以通过改变盈利目标来改变员工对待风险的态度。

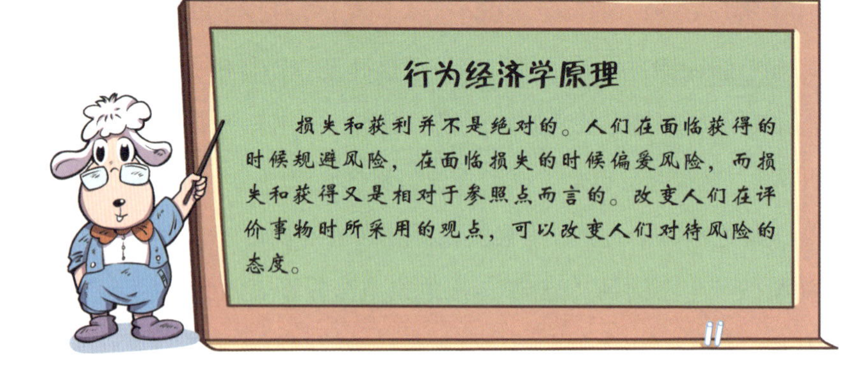

行为经济学的研究发现，人们在风险预期时有三种偏好：

1. 风险厌恶

标准的对风险厌恶的描述是在收获时递减的边际效用。前景理论介绍了人们风险厌恶的两个原因：一是确定性效应，它是指人们对确定的事物和很可能发生的事物赋予不同的权重；二是损失厌恶，是指人们赋予损失的概率高于获得的概率。这就能够解释人们为什么会回避风险，偏向于保持现状。

对于风险厌恶的理论有两个例外：其一，人们在买彩票时愿意支付高于他们预期收益的金额（赋予小概率事件大的心理概率）；其二，无论是个人还是组织决策者，在面对损失时都表现出风险偏好的一面。

对于组织管理的决策者来说，回避风险的因素在他们的身上同样发挥了作用。有证据表明，来自义务和个人职责的压力增加了决策者对现状的偏好以及对种种损失的厌恶，尤其是他们预计自己的决定要被他人审查评估时，这种风险厌恶的情绪会更加明显。

2. 大致的成比例性

对于风险态度研究的第二个重要发现是，人们的风险回避是成比例的，即随着风险收益的提高，人们对这种选择的心理评价也大致成比例地提高。这里，我们关注这样一种现象：面对不同的风险收益，人们却有着近似程度的风险厌恶。这是不切实际的。一方面，小的冒险不会有致命的损失，相比之下，人们对大的冒险表现出更强烈的回避态度；另一方面，小的冒险更加普遍和频繁，有更多的机会发挥数据汇总降低风险的效果。

对于一个等级制的组织来说，管理决策者通常要面对两种不同的决策：一方面，为了组织的利益，他们可能做出有风险的决策；另一方面，他们时刻监督同样面临决策的下属。假定他们的决策相互独立，根据之前的论述，我们能够得出以下结论：相对于那些在更大的问题上进行决策的管理者，他们的下属在面临选择时一定会更倾向于回避风险；同样，这种情况下得出的一系列决策，会比管理者从组织整体效用考虑时做出的决策表现出更强的风险厌恶。在下面的分析中，我们将看到，这种不一致的风险态度将给组织带来极大的无谓损失。

3. 狭隘的决策思路

研究发现，人们在决策过程中，往往将问题孤立起来，割裂了需要解决的问题之间的联系，也忽略了将以后需要做出的类似决定结合起来一起考虑。当人们面对一个联合的选择而不是两个孤立的选择时，做出的决策将不同。

保罗·萨缪尔森曾在1963年得出这样的结论：如果受调查者拒绝了一个有相同的概率获得200美元和损失100美元的游戏，那么无论为他提供多少次游戏机会，他都会拒绝。然而，研究发现，如果游戏是多重的（有多次机会），尤其是混合游戏的收益分配能被清楚地告知时，人们愿意接受游戏。因为他们知道，一个单独的游戏并不意味着决定是否接受这个有正的预期收益的冒险的最后机会。人们由此降低了风险厌恶程度，接受了多重游戏。这给了我们考虑问题的一个新的角度：如果你愿意接受一个多重的游戏，那么也会愿意接受提供给你的单独的游戏，因为类似的冒险机会很可能马上就落到你的头上。不过，当人们进行决策时，却始终保持着原来那种狭隘的思路，基本上忽略了今后遇到相同机会的可能性。

对于组织管理的决策者来说，他们同样存在忽视问题之间的联系、孤立地考虑决策的可能性。无论是个人还是组织，要采用更加开阔的决策方式和连续的风险策略，必须具备两个条件：

第一，能够将表面上不同的问题结合在一起考虑的能力，即一个称职的组织能够识别明显的反复遇到的问题（例如是否给公司的车辆购买保险），并采取相应的解决措施。

第二,一套合理的评定决策的机制，包括评定的标准和程序。

行为经济学原理

面对选择进行综合性的考虑是一个理性决策所必需的。决策分析者应该把同时需要考虑的选择结合在一起并充分考虑今后做出类似选择的可能性，还要根据决策最终可能带来的财富，而不是通过损失和获得之间的权衡来对各种选择进行评价，才能得到理想的结果。尤其对于组织来说，理性的决策者应该采取一致的风险选择。同时，鼓励下级在决策时接受更高的风险水平，从而降低不必要的成本。

下跌的股票更宝贵——投资亏损滞留现象

在生活中，我们可以发现很多投资者宁可持有价格一直下降的某只股票，也不愿意割肉离场。这是为什么呢?

传统的金融学理论没有给投资者情绪以足够的重视。投资者完全理性是有效市场假说的基本假设。然而，在金融市场上，我们却看到大量非理性的投资行为。投资者往往不是根据信息，而是根据“噪声”(影响资产价格非理性变动的与基本价值无关的错误信息)进行交易。例如，有的投资者完全根据金融“大师”的建议买卖股票；有的投资者持有证券的种类非常集中；有的投资者不顾税负的加重卖出正赚钱的股票，却死死抱住亏钱的股票不放；等等。

如果你的手里有两只股票，一只赚了，另一只赔着，你又急需现金，你会抛售哪只?调查结果表明，一般的投资者都会选择抛售赚钱的股票，而把赔钱的股票留在手里。在股票市场上常常有这种现象：如果投资者购买的股票价格上涨，他很快就会抛售这只股票，以防这只股票的价格也跌下来；如果投资者购买的股票下跌，他却不会轻易放弃，而是会持股等待转机，哪怕股价一直下跌。

行为经济学原理

拖延后悔：分析我们的心理，可以发现赔钱的股票已经给我们带来了负的效用，但是只要这只股票还在我们手里，我们就总抱着幻想，希望有一天它能“起死回生”，让我们捞回本钱。我们不愿意承认亏损的事实，而是用拖延后悔的方法来提高现期的效用，卖掉赚钱的股票不会有任何损失。所以我们宁可放弃赚钱股票继续攀升所带来的增值，也不愿意放弃已经亏损的股票，结果可能是做出的决策不但没有挽回损失，还使我们主动放弃了本该到手的财富。

行为经济学还研究了遗憾心理。投资者在投资过程中常出现遗憾或后悔的心理状态。大牛市中没有及时买入看好的股票会后悔，熊市下没能及时止损出场也会后悔。贝尔将遗憾描述为将一个给定事件的结果或状态与将要选择的状态进行比较所产生的情绪。遗憾心理应用到股票市场上，就体现为无论投资者是否打算购买价格下降或者上升的股票或基金，实际上购买自己属意的证券就将产生情绪上的反应。当所做选择未能达到预期结果或结果劣于其他选择时，做出错误决策的遗憾心理就会伴随而生。

行为经济学原理

损失厌恶：人们对损失和获得的敏感程度是不同的，损失的痛苦要远远大于获得的快乐。同样数量的损失所带来的痛苦是获得所带来的快乐的两倍多，这种心理倾向被称为“损失厌恶”倾向。一只下跌的股票，它的损失是理论上的，但是一旦卖出，就相当于关闭了一个损失的账户，这种理论上的损失立刻变成现实，让人痛苦不已。

这些仅仅是冰山一角，学者们发现投资者非理性的投资行为不仅相当普遍，还具有系统性。

第一，人们不一定遵循理性来评价风险性赌博。人们在评价赌博时，不是根据他们最终所能获得的财富的多少，而是以某一参照点来衡量其相对得失，而该参照点不仅随时可能改变，还具有损失厌恶倾向。

第二，投资者的决策在很大程度上是参照现状，而不是分析历史。在选择股票时，他们以现在的股价而不是股票的发展历史和发行公司的经营业绩为参照点。在购买股票之后，他们则根据股价运行的过程来改变参照点。例如，当股票价格上涨时，他们会觉得自己已经赚钱了，新的参照点是自己购买的股票已经上涨，上涨空间开始有限。他们并不是仍然按照最开始的参照点耐心等待股价上涨到自己最开始的预期价格。所以，投资者在股票上涨时很容易就将其抛售了。相反，当股票价格下跌时，投资者会觉得股价已经跌了很多，自己股票上涨的机会更大，他们就会持股等待转机。他们并没有按照最开始的参照点来预期自己股票的上升可能性和上升空间，而是按照当下的情况来重新预测。所以，投资者在股票价格下跌时不轻易抛售。

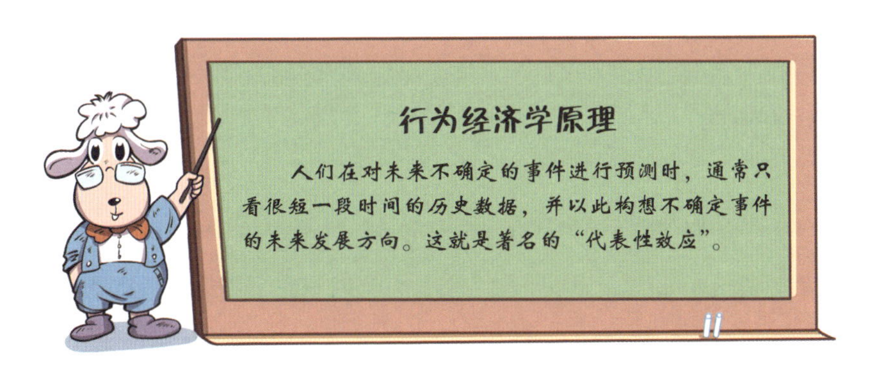

在代表性效应的作用下，人们没有意识到最近的一段历史可能只是偶然事件，而不是在模型作用下发生的。代表性效应可以帮助投资者节省时间做出判断，但也可能误导投资者。

最后也是最根本的一点，人们在做决策时，很容易受到问题描述方式的影响，即框架影响决策。例如，在选择投资组合时，如果投资者被告知股票的长期收益高于债券的长期收益，就会将大部分财富投在股票上；而如果投资者被告知股票的短期收益波动幅度较大，则可能将大部分财富投在债券上。

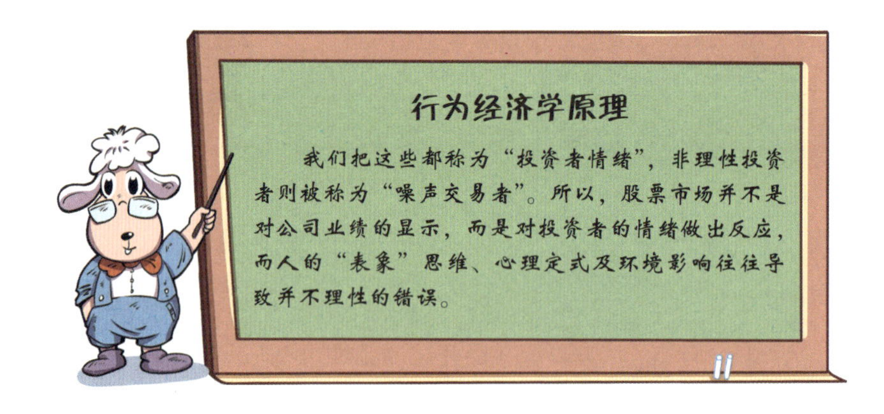

第四节 被无视的前车之鉴——非理性繁荣

希勒的预言

耶鲁大学的罗伯特·希勒（Robert Shiller）教授在 2000 年 3 月出版了《非理性繁荣》（*Irrational Exuberance*）一书，将当时一路上涨的股票市场称作“一场非理性的、自我驱动的、自我膨胀的泡沫”。一个月后，代表所谓美国新经济的纳斯达克综合指数由最高峰的 5 000 多点跌至 3 000 点，又经过近两年的下跌，最低跌至 1 100 多点。互联网泡沫类似于荷兰郁金香泡沫，在投资领域屡见不鲜。为什么人们总会重犯同样的错误呢?

这不禁让人想到中国股市的风风雨雨。

跌宕起伏的中国股市

沪指自 2013 年 6 月探底 1 849 点，先是进入一个平缓的上升期，在 2014 年 11 中国人民银行降息后，开始进入疯涨模式——从 2014 年 11 月 21 日收盘的 2 488 点，在短短半年交易时间内涨至 2015 年 6 月 12 日的 5 178 点。当时的疯狂可谓前所未有，连买菜的大妈都知道炒股最赚钱，闭着眼随便买一只股票都是好几个涨停。然而进入 2015 年 6 月中旬，中国股市在短短十几个交易日里暴跌，沪指于 2015 年 7 月 9 日一度跌至 3 373.54 点，跌幅高达 35%，股市可谓哀鸿遍野。

美国著名作家马克·吐温（Mark Twain）说过:“历史不会重复自己，但会押着同样的韵脚。”事实上，这种“疯涨暴跌”的现象在中国股市也经常出现，上一个轮回仍历历在目：沪指从 2005 年年底的 1 000 点左右开始，经过短短的两年时间，到 2007 年年底上涨到了 6 000 多点。人们依然坚信中国的股市还会继续飙升，股民也不断增加，2008 年之前甚至还有人预期中国股市的股指会在 2008 年 8 月 18 日升至 8 888 点。然而好景不长，由于受 2007 年年底美国次贷危机的影响，中国股市创下了高达 60% 的跌幅。2008 年年底股市已经跌到 2 000 多点。

人类的非理性因素在其中起着主要作用，而历史教训并不足以让人们变得理性，非理性是人类根深蒂固的局限性。希勒教授曾在一个研究中发现：当日本股市见顶时，只有14%的人认为股市会暴跌；但当股市暴跌以后，有32%的投资者认为股市还会暴跌。投资者通常对最近的经验考虑过多，并从中推导出最近的趋势，而很少考虑其与长期平均数的偏离程度。

可见，在股市调整过程中，投资者的非理性已表现得异常明显。在股市正常变化的情况下，投资者一般能较理性地看待市场；但当股市出现暴涨暴跌时，投资者就会过度反应，甚至情绪失控，最终带来股指非理性暴跌。

“涨过头”与“跌过头”——轮涨效应

2006年11月财经网刊登了一篇题为《轮涨效应出现》的文章来描述当时的股市：

> 终于颠倒了的这一切似乎又恢复了正常，二八调了一个头，变成了八二。750只股票上涨，68只股票下跌，上证指数却下跌了3.53点。这个该死的指数已经完全不能正确地反映市场的真实状况，还是丢到垃圾桶里算了，如果说一定要用某个指数来代表目前的市场，那么深综指要比上证综指合理得多。从深综指的走势上看，今天是一个中阳线，比上周的任何一天都大。这说明市场正进入全面上涨阶段，权重股和非权重股的轮涨造成指数不断上涨的现象。不过无论如何，市场已经连续上涨多日，这样的上涨还能够持续多久是完全无法判断和预料的。因此，操作上的谨慎还是不能丢弃的。
>
> 银行股的全面回落是今天的特色，这主要是因为瑞银发布报告下调了香港上市的银行股的评级所致，从内地机构的分析情况

看也是如此，大部分银行股都已经超过了机构的预测目标，其存在泡沫是不言而喻的了。不过，这也只是机构们对银行股大幅上涨后的短期看法而已，对于银行股的长期前景，机构依然比较看好。因此可以说，银行股的调整将会带来更低价格买入的机会。或许这样想的投资者实在太多，说实话今天银行股的下跌幅度并不大。还有一个热点就是有色金属板块，连续下跌几天的国际有色金属期货在美元大幅贬值的影响下再次出现大幅的上涨，金属镍都创出新高，黄金价格也大幅上涨。这对有色金属板块的影响是非常直接的，两只黄金股封涨停板，多只有色金属股涨幅都超过 8%。很显然，这些股票还会继续表演下去……

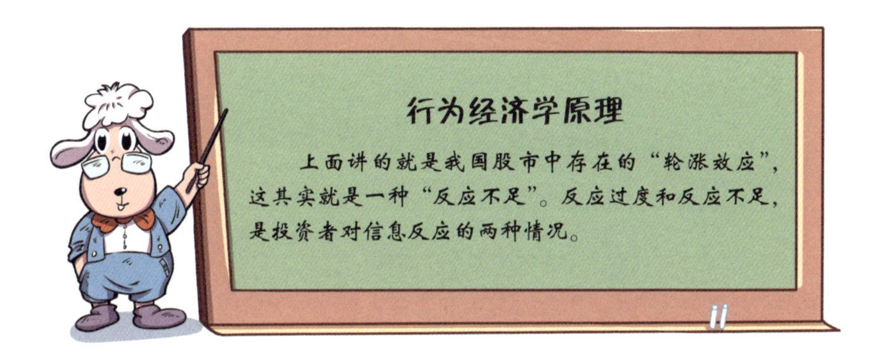

人们进行投资决策时会过分重视近期数据的变化模式，而对产生这些数据的总体特征重视不够，这种偏差导致股价对盈利变化的反应不足。同时，投资者不能及时根据变化了的情况修正自己的预测模型，导致股价过度反应，在证券市场上的表现就是“涨过头”“跌过头”。在我国证券市场上，反应过度与反应不足现象较为突出，如 2000 年网络股泡沫出现的反应过度，投资者膨胀的热情将股价不断推高。而在市场的下跌趋势中，反应不足的投资者对利好表现麻木，市场弥漫悲观氛围时也会对有投资价值的公司视而不见。可见，市场既有出现非理性上涨的冲动，也有非理性的恐慌性抛售。

第五节 该不该跟风——羊群效应

什么是羊群效应

地狱里发现石油了

一位石油大亨去天堂参加会议，一进会议室发现已经座无虚席，于是他灵机一动，喊了一声：“地狱里发现石油了！”这一喊不要紧，天堂里的石油大亨们纷纷向地狱跑去。很快，天堂里就剩下那位后来的石油大亨了。此时，这位大亨心想，大家都跑了过去，莫非地狱里真的发现石油了？于是，他也急匆匆地向地狱跑去。

羊群行为是行为金融学领域比较典型的一种现象，主流金融理论无法予以解释。经济学经常用“羊群效应”来描述经济个体的从众跟风心理，从众心理很容易导致盲从，而盲从往往会使人陷入骗局或遭遇失败。

羊群行为一般有以下两种情况：

第一，投资者在不知道其他人的决策时本打算进行一项投资，但是在知道他人没有进行投资时便选择放弃。

第二，在得知他人进行投资后，

原本没有兴趣的投资者改变想法，跟随投资。投资者的选择完全依赖舆论，随大流，其投资选择行为是对大众行为的模仿，并不是参照自己挖掘的信息。

所以，羊群行为是一种个体不顾私有信息而采取与别人相同行动的行为，它也是社会群体中相互作用的人们趋向于相似的思考方式和行为方式。比如在一个群体决策中，多数人意见相似时，个体趋向于支持该决策（即使决策是错误的），而忽视反对者的意见。

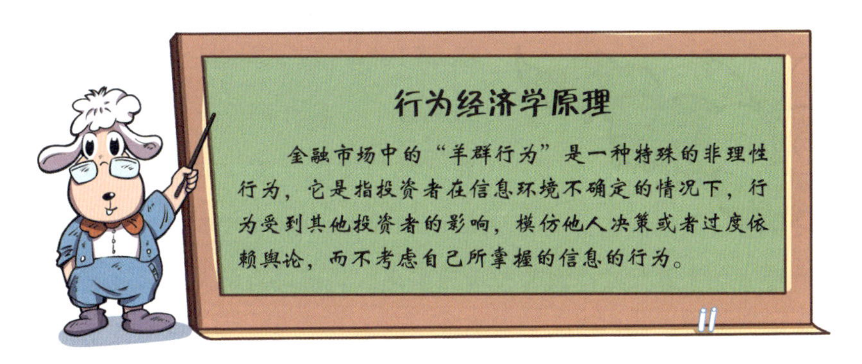

由于羊群行为是涉及多个投资主体的相关性行为，对于市场的稳定和效率有很大的影响，也和金融危机有密切的关系。因此，羊群行为引起了学术界、投资界和金融监管部门的广泛关注。

我国股票市场中个体投资者呈现出非常显著的羊群行为，并且卖方羊群行为强于买方羊群行为，时间因素对投资者的羊群行为没有显著影响，投资者的羊群行为源于其内在的心理因素。

不同的市场态势下，投资者都表现出显著的羊群效应；无论投资者是风险偏好还是风险厌恶，都表现出显著的羊群效应。

股票收益率是影响投资者羊群行为的重要因素。交易当天若股价上涨，则投资者表现出更强的羊群行为。投资者的买方羊群行为在交易当天股价下跌时强于股份上涨时，而卖方羊群行为则相反。

股票规模是影响投资者羊群行为的另一个重要因素。随着股票流通、股本规模减小，投资者羊群行为逐步增强，这与国外学者的研究结论是相同的。

松毛虫实验

饿死的松毛虫

法国科学家让－亨利·法布尔（Jean-Henri Fabre）曾经做过一个松毛虫实验。他把若干松毛虫放在一只花盆的边缘使其首尾相接成一圈，在花盆的不远处撒了一些松毛虫喜欢吃的松叶。松毛虫开始一个接一个绕着花盆一圈又一圈地游走。这一游走就是七天七夜，饥饿劳累的松毛虫尽数死去。而可悲的是，只要其中任何一只稍微改变路线就能吃到近在嘴边的松叶。动物如此，人也不见得更高明。

行为经济学原理

影响从众心理最重要的因素是持某种意见的人数多少，而不是这个意见本身。人多本身就有说服力，很少有人会在众口一词的情况下还坚持自己的不同意见。“群众的眼睛是雪亮的”“木秀于林，风必摧之”“出头的椽子先烂”，这些教条紧紧束缚了我们的行动。

媒体经常充当羊群效应的煽动者，一条传闻经过媒体报道就会成为公认的事实，一个观点借助网络就能变成民意。游行示威、大选造势、镇压异己等政治权术无不是在借助羊群效应。

当然，任何存在的东西总有其合理性，羊群效应并不见得就一无是处。这是自然界的优选法则，在信息不对称和预期不确定的条件下，看别人怎么做确实是风险比较低的（这在博弈论、纳什均衡中也有说明）。羊群效应可以产生示范学习作用和聚集协同作用，这对于保护弱势群体的成长是很有帮助的。

为什么会有羊群效应

关于羊群行为的形成有以下几种解释：哲学家认为是人类理性的有限性，心理学家认为是人类的从众心理，社会学家认为是人类的集体无意识，而经济学家则从信息不完全、委托代理等角度解释羊群行为。归纳起来主要有如下几种观点：

1. 由于信息相似性产生

机构投资者具有高度的同质性，他们通常关注同样的市场信息，采用相似的经济模型、信息处理技术、组合及对冲策略。在这种情况下，机构投资者可能对盈利预警或证券分析师的建议等相同外部信息做出相似反应，在交易活动中则表现出羊群行为。

2. 由于信息不完全产生

信息可以减小不确定性，投资者获得准确、及时和有效的信息就意味着可以获得高额利润或者避免重大的经济损失。但是在现实市场中，信息的获得需要支付经济成本，不同投资者获得信息的途径和能力各不相同，机构投资者比个人投资者拥有更多的有效信息，个人投资者在获取有效信息和获得投资收益时处于不利地位。个人投资者为了趋利避险、获得更多的真实经济信号，可能会四处打探庄家的“内幕消息”，或是津津乐道“莫须有”的“小道消息”，在更大程度上助长了市场的追风倾向。而尽管机构投资者相对于个人投资者处于信息强势，但是由于机构投资者相互之间更了解同行的买卖情况，并且具有较强的信息推断能力，他们反倒比个人投资者更容易产生羊群行为。

3. 基于委托代理人名誉

由于机构投资者的能力是不确定的，对名誉的担忧就产生了。代理人 A 在得到“收入高”的信号后进行投资。由于其他代理人关心的是自己的名誉，不论信号如何，都会采取和代理人 A 一样的投资策略。因为如果决策正确，自己的名誉就变得更好；如果决策错误，则表明要么两个人都是愚蠢的，要么两个人都是聪明的，但得到同样的错误信号并不损害其名誉。如果采取不同的决策，委托人就认为至少有一个人是愚蠢的。因此，其他代理人会一直运用羊群策略，而不管自己和代理人 A 之间的信号差异。这种羊群效应是无效的而且是脆弱的，因为后面的机构投资者的投资行为会因为第一个所得信息的改变而改变。

4. 基于代理人报酬

如果一个机构投资者的报酬依赖于他们相对于其他机构投资者的投资绩效，这将扭曲机构投资者的激励机制，并导致机构投资者所选择的投资组合无效。

风险厌恶的投资者，其报酬随着投资者的相对业绩而变化。代理人和他的基准投资人都有着关于股票回报的不完全信息。基准投资人先进行投资，代理人观察基准投资人的选择后再选择投资组合。基于前面的信息不充分的羊群效应模型，机构投资者倾向于选择和基准投资人相近的投资组合。而且，报酬制度也鼓励机构投资者模仿基准投资人的选择，因为如果他的投资绩效低于市场的平均投资绩效，他的报酬将受到影响。

由于羊群行为者往往会抛弃自己的私有信息而追随别人，这会导致市场信息传递链的中断。但这一情况有两方面的影响：第一，由于羊群行为具有一定的趋同性，会导致股价的不连续和大幅变动，破坏市场的稳定运行；第二，如果羊群行为是因为投资者对相同的基础信息做出了迅速反应，那么在这种情况下，投资者的羊群行为会加快股价对信息的吸收速度，促使市场变得更为有效。

但是，羊群行为超过某一限度，将诱发另一个重要的市场现象——过度反应。在高涨的市场中（如牛市），盲目地追涨只能是制造泡沫；在低迷的市场中（如熊市），盲目地杀跌只能使危机加重。投资者的羊群行为使得股价的波动较大，使证券市场的稳定性下降。

行为经济学原理

所有羊群行为的发生基础都是信息的不充分性。因此，一旦市场的信息状态发生变化（如新信息的到来），羊群行为就会瓦解。这时由羊群行为造成的股价过度上涨或过度下跌就会停止，甚至还会向相反的方向过度回归。这意味着羊群行为具有不稳定性和脆弱性，也直接导致金融市场的不稳定性和脆弱性。

生活小贴士

我们知道，个体间对市场或经济的状况会有或同或异的认知，透过自身的行为以及彼此间的互动后再反映在市场或经济中，即市场或经济的状况是群体投射的结果。市场或经济的演进是一连串认知与投射的过程；在这个过程中，“人”显然扮演了最重要的角色。

市场里的行为主体尤其是投资者都是存在情绪的，这会在很大程度上影响投资者的决策。人与生俱来的过分自信、对好消息反应不足、对坏消息反应过度等特点导致其在投资决策时的认知偏差。

传统金融理论中的有效套利需要在严格的条件下才能实现。由于套利是有风险的过程，所以它的有效性受到了限制，于是在现实生活中，我们遇到的往往是有限套利的情况。

除了心理上的因素，人的判断偏差、认知偏差以及对风险的态度会根据参照点的不同而改变的特点导致许多奇怪的投资行为。

以下是我们的建议：

第一，金融市场常常充斥的非理性的泡沫、股市中的“轮涨效应”等现象都是人们非理性的真实反映。面对金融市场表面上的繁荣，我们一定要保持清醒的头脑！

第二，当股价出现某种明显上涨或者下跌的变动趋势时，投资者就会容易变得对自己原有的投资理念产生怀疑，更加相信市场中存在一些自己还未掌握的信息。于是，在这种情况下，选择跟从其他投资者的操作方向进行交易就成了比较容易接受的选择。羊群效应告诉我们：对他人的信息不可全信也不可不信，凡事要有自己的判断，出奇能制胜，但跟随者也有后发优势，法无定法！

第三，很多情况下，股票市场并不是经济发展的晴雨表。在这个市场里，行为性、心理性、结构性的因素占了主导。以股票价格的决定为例，股价的变动可能来自公司本身价值的改变（反映经济环境的变动），也可能反映投资人出于心理因素而改变对其的评价，或者二者都有。传统经济理论将人视为理性的，认为价格变动主要来自基本面因素，包括经济环境的变动、公司营运状况的改变，而几乎完全忽视个体与群体的决策过程，“人”的变数在理论中的重要性被降到最低。

第八章

解药还是毒药
——时间贴现和瘾理论

时间在行为经济学领域主要涉及时间贴现、跨期选择及拖延行为等方面，这些术语听起来也许有些乏味，其实不然，请先看一个非常有趣的问题：

如果要你考虑今天或明天吃一个苹果，你会偏好今天还是明天呢？显然大部分人希望今天吃；如果再要你考虑 100 天后或 101 天后吃一个苹果，也许答案就没有这么明显了。这其实说明了人们在今天对明天的关心程度和在第 100 天对第 101 天的关心程度是不一致的，也就是时间的贴现是会变化的。

在决策时，人们总是会综合权衡现在以及未来多个时期的收益，而所谓的跨期选择，其实就是这么简单。

第一节 当现在遇到未来——时间偏好

莫使金樽空对月

褪色的花头巾

从前有一个俊俏媳妇，她有一条陪嫁的印花头巾，舍不得用，总是反过来搭在头上。天长日久，风吹日晒，这条头巾不知不觉就褪了颜色。有一天，她要回娘家，梳洗打扮，正面搭了头巾，从镜子里一照，啊呀！怎么成了旧头巾了？

国人素有节俭的优良传统，安贫乐道。经济学实证分析表明，居民消费存在过度敏感性，消费由当期收入决定的消费者所占比例不低于64%。

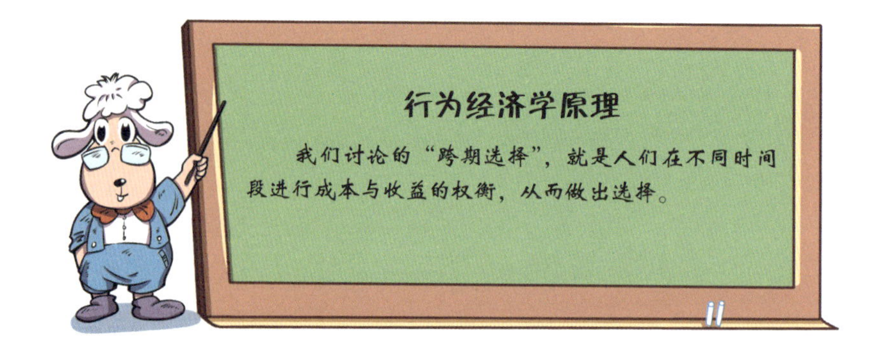

在生活中基本上每个人都会面临跨期选择，比如说要将一笔钱存入银行，还是要立即花掉。你需要权衡当前消费带给你的效用与存入银行带给你的本息在未来消费带给你的效用孰大孰小。而在跨期选择中，有许多现象和效应引人注目。

投射偏误：经济学中的一般模型都是以理性预期为前提的，但事实是，虽然人们能够预料到他未来的决策会发生变化，但通常会低估这个变化的幅度，这就是所谓的“投射偏误”。投射偏误导致人们低估当期消费对未来效用的“挤出”作用，诱使人们在当期过度消费。只要偏好随时间改变，投射偏误就会发生，即投射偏误扭曲了时间偏好的衡量。

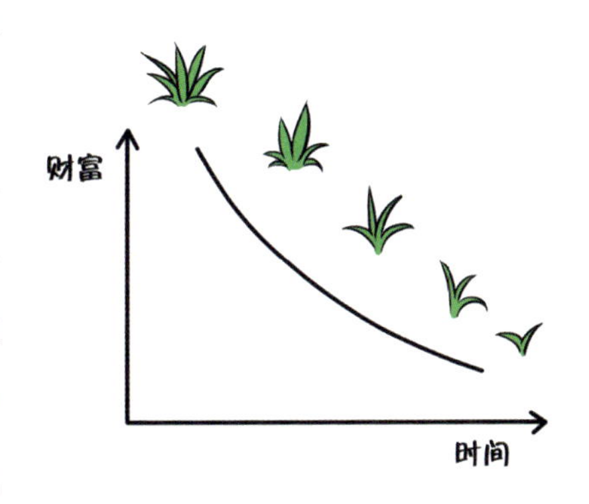

通常情况下，一定数量的财富在未来给你带来的效用比现在给你带来的效用要小。也就是说，将未来消费的效用贴现过来要小于现在消费的效用，存在一个正的贴现率。传统的经济学一般认为时间贴现率在每个时期都是相同的，这意味着决策者的跨期偏好是时间一致的；但是很多经验研究发现时间贴现率很多时候是随着时间轴递减的，也就是时间偏好不一致的现象。比如以下几种情况：

符号效应：收益的折现率高于损失的贴现率；人们甚至宁愿当时就承受某一固定损失，也不愿把损失延期，即所谓的长痛不如短痛。这也可以解释为什么人们会为自己的财产买巨额保险。

程度效应：小额效用流的贴现率高于大额效用流；对大结果的贴现比对小结果的贴现少。

“延迟 – 加速”不对称现象：对延期的事件贴现更多，也就是对延迟某一给定时点的回报所要求的补偿要高于为使其提前所愿意付出的代价。比如某人本来不指望马上得到电脑，这时如果意外地有机会获得电脑，他愿意为此支付 54 美元；某人本该立即得到电脑，但被意外地拖延，他会因此索要 126 美元作为补偿。因此，结果出现的日期是被当作拖延还是加速，将对贴现率产生显著影响。

逐期改善序列偏好：人们在选择结果序列时，更偏好逐期改善序列而非逐期恶化序列；在生活中，人们也喜欢把最好的东西留在最后。

背离独立性和分散偏好：效用和消费的独立性不成立以及跨期选择时不同时期的选择相互影响；等等。

满汉全席

如果问你想在一个月后还是两个月后享受满汉全席，大多数人可能选择在一个月后享用，这反映了人们“急不可耐”的迫切心理。但如果给你另外两种选择：一个月后享受满汉全席，后两个月天天做饭吃；或前两个月天天做饭吃，再过一个月享受满汉全席。此时多数人大概会选择后者，说明人们偏好效用递增的“改良序列”。

行为经济学原理

这两次选择的转变明显违背“时间偏好一致性”，却可以用“选择托架”来说明。我们把在同一时期考虑的选择叫作选择托架。不同的选择托架突出不同的心理动机，会导致不同的跨期选择。第一次选择的“托架”中只有满汉全席，而第二次选择的“托架”中除了满汉全席，还有“天天做饭吃”，形成了一个序列，从而体现了人们对效用递增序列的偏好。

预期效用可以反映在预期贴现中，行为经济学家的确发现了时间偏好不一致的有效证据。

我们来看经济学家理查德·塞勒所做的实验。被试被要求回答和 15 元无差异的一个月后、一年后和十年后的收入，回答分别是 20 元、50 元和 100 元。也就是说，被试认为一个月后的 20 元、一年后的 50 元、十年后的 100 元和现在的 15 元是无差异的。这意味着一个月期的年贴现率是 345%，一年期的是 120%，十年期的贴现率是 19%。被试明显表现出时间偏好的不一致，这个结果被后来的众多经验实证研究和实验研究所实。

时间决策

设想一个学生需要交一份作业，他可能更希望听到老师要求在一个月之内交上来而不是在某一天交上来。原因很显然，如果规定在某天必须交，学生还要计算在这一天之前必须完成，以及费功夫记住这个期限；而如果只要求在一个月之内交，学生会感觉自己在这一个月中还有很大的自由选择余地，他可以决定在这段期限中的任何时间完成作业。可以想见，人们通常偏好延期，因为定期的方式有一个计算成本，人们不愿意为定期的计算而费功夫，而延期将使得决策者认为有一个更高的贴现率。

行为经济学原理

在人们的跨期选择过程中，延期和定期有着不同的影响。在这里，延期是指在从当期开始一段时间内的拖延，着重于时间概念；而定期是指针对未来某一确定时点的跨期决策，着重于时点概念。跨期选择是指针对不同时期上产生结果的选择，通常人们要面临在“小而快”的结果和“大而迟”的结果之间的权衡取舍。

第二节　临时抱佛脚——拖延与自控

明日复明日，明日何其多

生活中，拖延现象屡见不鲜。比如说，你可能早就筹划花一天和孩子们一起玩，却因工作太多或有要事缠身而一拖再拖；你计划在晚上抽时间与家人出去吃顿饭或者看场电影，却总以“太忙”为理由拖延；你有心做些家务活，却迟迟不动手，好像你要是耐心等下去，这些活儿或许就不用做了；当你与上司、朋友、家人之间有误会时，不愿去澄清……人们总喜欢把当下的事情拖延到明日，但是不要忘了“明日复明日，明日何其多？我生待明日，万事成蹉跎”。

假如学校中星期一到星期三这三天连续有三场精彩的演出，且它们给大学生带来的幸福可测，分别为 5 个单位、10 个单位和 15 个单位。并且，学生在星期四必须交出一份经济学的作业。于是，学生就面临着在拖延作业看前面的演出和不拖延作业看后面的演出之间进行权衡决策。在实际生活中常存在的一种状况就是，学生会为了即刻的不做作业而看演出的欢愉而选择拖延，然后，该学生为了在星期四交出作业，不得不错过星期三的演出，学生所获得的幸福为星期一演出的幸福加上星期二演出的幸福，即为 15 个单位。然而我们可以看到，如果他做出不拖延的决策，用错过星期一演出的代价来完成作业，他就能悠闲地享受星期二和星期三的演出带给他的幸福，即为25个单位。25个单位的幸福显然要大于15个单位，由此我们可以看到拖延行为的非理性。

拖延行为如此普遍地发生，似乎拖延是暗含在人潜意识中的一种欲望。那么，拖延到底是怎么产生的呢？我们从比较大众化的角度来看看：

首先，拖延能够维持一种自我欺骗效应，对于不愿意做的事情，人们可以通过拖延的方法来摆脱这件事所带来的烦恼，从而创造一种暂时的轻松和安稳感。

其次，人们希望通过拖延来等待自己头疼的事情出现转机，甚至等待奇迹突然出现。

最后，人们只愿意考虑当下，认为将来还很远，将来的事就等到将来再考虑。人们喜欢即刻的欢愉，总是会拖延那些需要立刻付出而将来才会获利的工作，如修剪草坪；却会立刻去做那些现在享受的事情，如看电影。

斯蒂格利茨的箱子

一拖再拖的阿克洛夫

经济学家斯蒂格利茨在一次离开印度返回美国时，由于民航限制行李数量，他便留下一箱衣物让在印度做访问学者的好友阿克洛夫抽空寄回。但当时印度的邮政系统服务很差、效率极低，阿克洛夫估计寄这个箱子要花费自己至少一天的时间，于是拖延行为就出现了，阿克洛夫一直在思考是今天寄还是明天寄。结果日复一日，一直拖了八个月左右，箱子还是没有寄出去，最后他干脆做出决定：不寄了，等年底回美国的时候再给斯蒂格利茨带回去。

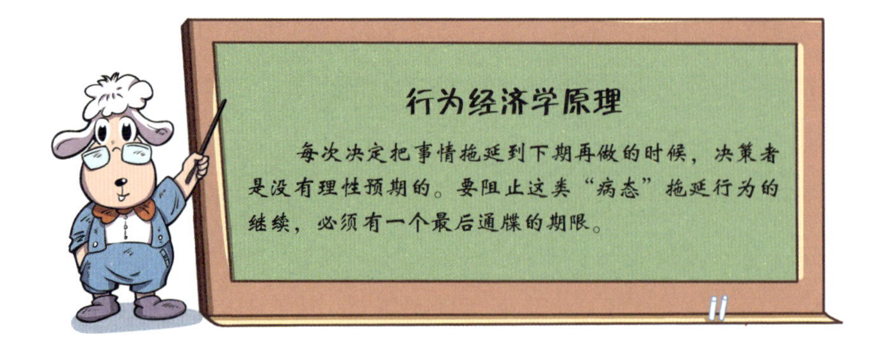

当一个人决定拖延时，他就陷入了阿克洛夫的困境：做出非理性的决策，即把事情拖延到下期再做。这种拖延行为一般可以持续进行下去，因为决策者在每一期都可能决定再拖延一期。

怎样才能结束这种拖延呢？正如阿克洛夫认识到的那样，必须有一个最后通牒的期限。比如说，必须在星期三早上交作业。那样，我们将很可能会看到拖延行为结束：在星期三这个最后通牒的期限到来的前夜，拖延者可能会为了完成原本早可以完成的作业而挑灯夜战，甚至不眠不休。在最后通牒的期限的约束下，拖延行为结束了。但是我们显然可以看到，在最后一刻为完成作业而不眠不休的学生，其效用损失要大于采取不拖延决策时的效用损失。这清楚地表明拖延的决策者的非理性。

圣诞节俱乐部效应

何时完成任务

假如现在是 2 月 1 日，你的老板给你布置了一项工作任务，4 月 15 日要拿出结果，并且给了你三种选择：在 4 月 14 日完成任务、在 4 月 15 日完成任务、等到 4 月 14 日再决定今天还是明天开始工作。那么，你会选择哪一个呢？结果显而易见，延后再决定的优势非常明显：由于你的任何决定都不会被阻止，因此如何从现在到 4 月之间出现的所有突发事件都已经被妥善解决，那么你会认为自己一直维持的这种适应性很有价值。

然而，有时我们的行为却会限制自己将来的适应性。如果所有的事情都很确定，那么你可能会将日期从 2 月 1 日推迟到 4 月 14 日。如果你目前的偏好是希望早日完成工作，那么你会约束自己、不再拖延。

行为经济学原理

行为经济学已经探究了很多用来限制我们未来选择的自我约束模式，例如减肥中心，在那里你不能随意离开，不能看电视。而这些都归功于“圣诞俱乐部”账户[①]，因为直到圣诞节，它才允许你提款，允许你购买小包装的诱人美食，避免你到家后过量饮食。另外，即使你没有参加自我控制中心，你也可以通过各种“自我要求规则”控制自己。

人们对自控问题的认识程度会对自身的行为产生影响。你可能估计到自己不会按计划行事，或者天真地认为你未来的偏好和目前的偏好一致。如果今天你决定明天不可以过量饮食，你可能会天真地坚信明天当你面对一盒诱人的冰激凌时，还会有同样的想法。如果在 2 月 1 日时你决定 4 月 14 日少干些活而 4 月 15 日多干些，那么你可能相信到了 4 月 14 日你还会这样认为。

① 塞勒与其同事谢弗林就这一问题撰写了一篇题为《自我控制的经济理论》的论文，讨论了有关人类优化选择的事例——“圣诞俱乐部”账户。该账户每个月能够从银行客户的账户中扣除预设的金额，以存下来作为他们的年终购物资金。用行为主义的术语来讲，这种做法叫作“捆绑”，因为它将一整年众多有关花费或储蓄的决定合并成一个年初的单一决定。

第三节 习惯成自然——有限意志

戒烟怎么这么难

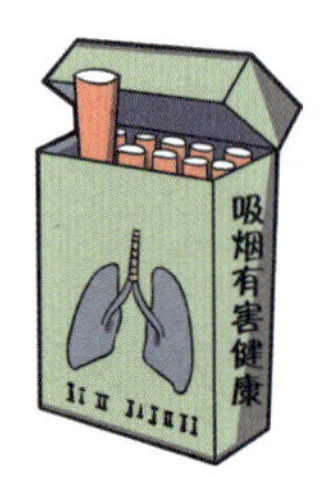

吸烟的害处可谓人人皆知，尽管香烟包装上已经明确地印有“吸烟有害健康”的字样，但是吸烟者依然随处可见。为什么人们会“明知山有虎，偏向虎山行”呢？

行为经济学原理

有序性和单调性使行为人对自己的效用函数有着清醒的认识，使之符合最大化的要求。但是，行为人的效用不一定都是社会所认可和激励的效用，甚至与行为人自身的整体长期效用最大化也是有区别的。社会要求每个成员都对其效用进行自我控制，但更多的情形下并不奏效，原因为：第一，有些效用在某些情况下成为主导效用，行为人没有或难以对自己的整体效用进行控制；第二，行为人同时有多个效用目标追求，而难以对它们进行排序。所以，行为人的意志力是有限的。

习惯、传统和嗜好体现的是过去行为对当前行为选择的影响。习惯重复了过去的行为；对传统的维护更多是与“现状偏见”联系在一起的，行为人坚持与其当前效用水平一致的选择；嗜好则是行为人在过去的实践中体验到的能使其感到快乐的行为，尽管在很多情形下，不良嗜好会带来降低行为人效用水平的后果（如吸烟），但行为人多坚持满足自己的嗜好。

生理欲望（如吃喝、性、睡眠等）都是人类本性所产生的欲望，它们不同于从过去行为中建立起来的欲望，但同样可以使行为人丧失对个人效用的控制。

习惯、传统、嗜好、生理欲望都是暂时性的主导效用，极有可能不符合行为人的整体或长期效用的最大化，这和常说的“感情战胜了理智”是一致的。

“有限意志”是说行为人不能形成有序的效用函数，在多重目标的冲突中，没有追求整体效用的最大化，而是追求当前效用的最大化。但行为人毕竟进行了最大化的追求，并且在多数情况下实现了当前效用的最大化，尽管行为人的效用选择是错误的（就其整体效用的实现而言）。

花钱是最容易的事

人和金钱之间存在一种“反常现象”，即人们的储蓄行为中出现的“夸张贴现”。有学者认为，当人们预期金钱收入但尚未收到它的时候，他们能够相当理性地在花多少和储蓄多少的问题上做出规划。但是行为经济学家认为，这一推理是有缺陷的。他们指出，尽管人们的愿望是好的、符合理性选择的，但是当钱真的到手的时候，很多人的意志便崩溃了，钱往往立即被花掉。这一现象被称为“夸张贴现”。

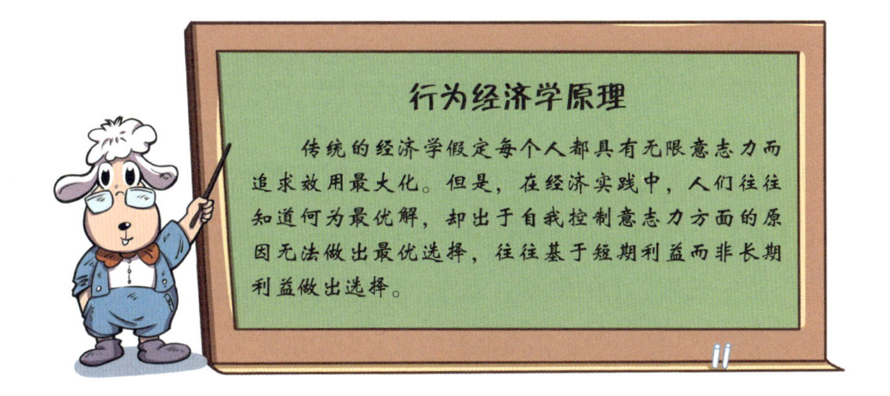

阿罗不可能定理已经表明，不存在与个人偏好完全一致的社会偏好。这是因为，人们的时间偏好中，短期贴现率往往大于长期贴现率。夸张贴现函数正是抓住这一特征，认为人们并不是合乎理性地在一生中统筹安排开支和储蓄，而是从年轻到年老都负债。很多学者也承认储蓄行为中存在的谜团多得足以使人们考虑行为论者的夸张贴现观点。

每一个行为人在任何给定时间都可能不具有理性选择理论所限定的单一的、内在一致的一个偏好集合，更多情形是，行为人同时拥有许多相互竞争的偏好。这就使行为人面临一个多重偏好的“集体行动”问题。多重自我问题在跨期决策上有着充分的体现，未来本位的自我和现在本位的自我将产生冲突。例如当前吸烟的享受与未来的健康受损冲突，年轻时过度消费的快乐和老年时消费捉襟见肘冲突。其实，任何一个决策都面临多重自我问题，使它们统一起来并没有一个有效的办法。一般认为个人的天生禀赋、经历、年龄、教育等能起到一定的作用。法律也可以通过鼓励所希望的偏好或抑制所不希望的偏好来发挥一定作用。

第四节 戒不掉的快乐——瘾理论

为伊消得人憔悴

上瘾是行为人在过去的实践中体验到的能使其感到快乐的行为，尽管很多情形下不良的上瘾行为会降低行为人的效用水平，但他们大多坚持满足自己的嗜好。从一般意义上的酗酒、赌博，到信息时代的刷朋友圈、看短视频上瘾，无不反映了上瘾行为正广泛地影响着我们的生活。

上瘾现象在影响人们生活的同时，也影响着经济学的发展。随着研究的深入，越来越多的传统经济学假定受到质疑：在上瘾的情形下，边际效用还是递减的吗？如果是的话，如何解释“好的音乐越听越想听”“酒鬼喝酒无休无止”这样的现象？易上瘾商品价格的变化对其需求的影响真的很小吗？

行为经济学认为，无论吸烟者、吸毒者还是沉迷于网络游戏的人，其实都有戒掉不良嗜好的愿望，他们也能理性地认识到，如果上瘾，长期的成本要比获得的收益大得多；可是实际上，理性行为并不能准确描述个体在香烟等消费上的决策。

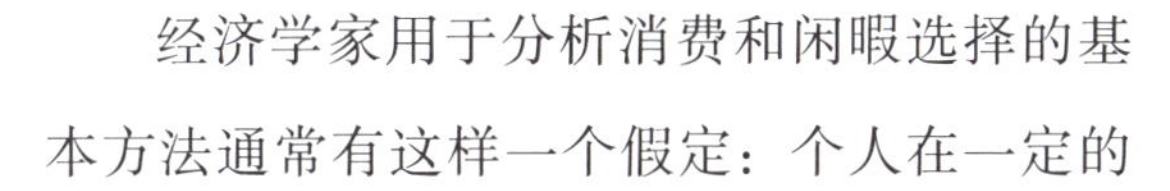

经济学家用于分析消费和闲暇选择的基本方法通常有这样一个假定：个人在一定的偏好下最大化自己的效用，而偏好在任何时间点上都仅仅由个人当时所消费的商品和服务所决定。这些偏好独立于过去和将来的消费之外，也不受别人行为的影响。但事实上，人们很多的选择都是由过去的经历所决定的，并且受社会因素的影响。

例如，一个人在决定如何投选票时在很大程度上取决于其亲人和朋友如何投票；商品广告的宣传作用则可以改变消费者对于某种商品的看法从而使其决定是否购买该种商品。

正是出于这样的原因，行为经济学将“上瘾”这一概念引入经济学分析，在保留“个人行为是为了效用最大化”的前提假设下将分析扩展到与“个人习惯和迷恋”相关的方面。

为了将个人经历和社会影响引入经济学分析，行为经济学家提出“个人资本”和“社会资本”的概念。个人资本包括影响当前和将来效用的过去消费以及其他个人经历，社会资本包括个人社交网络和控制体系中的同辈人和其他人活动的影响。

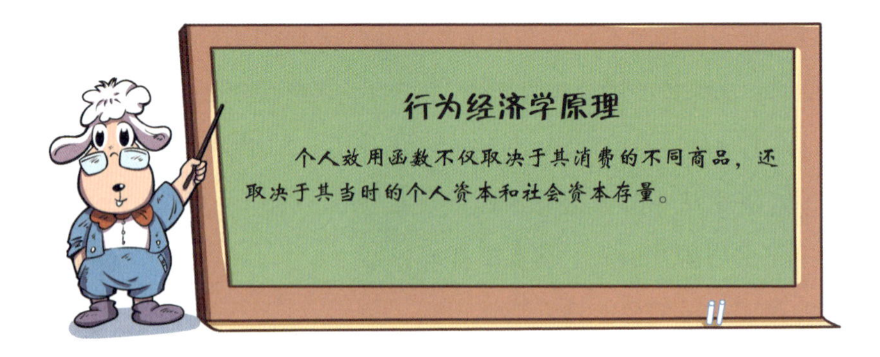

现在我们给出成瘾性行为的基本定义：如果某人对某种商品的消费会增加其未来对这种商品的消费，那么这个人对这种商品是潜在上瘾的。这一定义隐含这样一个合理的推论，即只有当过去对某种商品的消费提高了当前消费的边际效用时，某人才会对这种商品上瘾。然而，对边际效用的这种影响只是必要条件，对潜在的成瘾性行为仍然不是充分条件，因为潜在的上瘾行为还取决于其他因素。

根据我们给出的成瘾性行为的定义，某种商品对于某些人来说是具有成瘾性的，但对于其他人而言则可能不是；某人可能对某些商品上瘾，但不会对其他商品上瘾。成瘾性行为包含了个体与商品之间的某种相互作用过程。例如，对某些人来讲，含酒精饮料、网球、香烟、赌博以及宗教都会令他上瘾，但对于其他人来则不是这样。

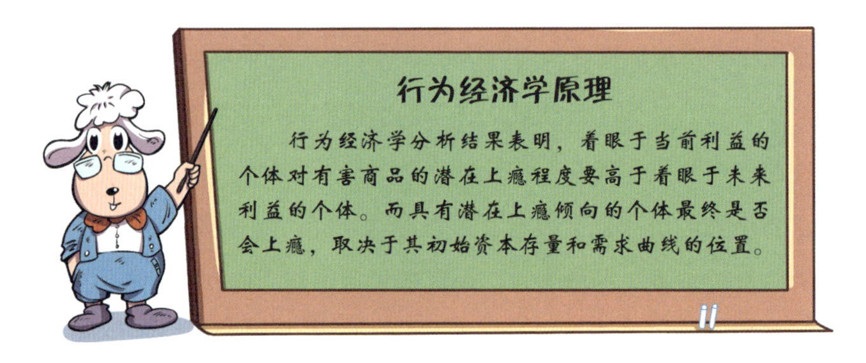

全部价格的存量因素是有害商品的当前市场价格加上未来成本，或当前有益商品的价格减去未来成本。因此，提高对现在的偏好率以及消费资本的

贬值率将会增加有害商品的需求，减少有益商品的需求。结果是酒鬼和赌徒倾向着眼于当前利益，宗教信徒和网球爱好者着眼于未来利益。

“精神愉悦剂”

在酗酒、饮食过量以及一些其他的成瘾性行为中，消费超支现象十分普遍。我们将消费超支现象定义为某种商品的消费随时间变化的一个周期循环。无节制的消费超支现象似乎是非理性行为的原型，然而在经济学家加里·贝克尔（Gary Becker）的分析中，通过模型的扩展，可使得无节制现象与非理性行为相一致。在贝克尔看来，无节制的消费超支现象并不是前后行为不一致的反映；相反，它是随时间变化保持前后一致的最大化行为的结果。

人们通常认为，偏好会随着某些上瘾性商品的消费而发生变化。例如，人们在长时间吸烟、喝酒之后，常常会增加对这些商品的欲望，或者对这些商品产生强烈的依赖，并且随着时间的变化其消费量也会不断增加。根据传统效用理论的观点，由于偏好发生了有利于这些商品的变化，这些商品的边际效用会随时间的变化而增加。但是在这里，有益的成瘾性行为和有害的成瘾性行为的情况是不一样的。喝酒和吸毒等有害的成瘾性行为，在长期内是边际效用递减的，即随着上瘾程度的加深，消费者得到的快感会逐渐减少。但是在讨论关于美妙音乐的偏好时，美妙的音乐听得越多，人们的艺术鉴赏

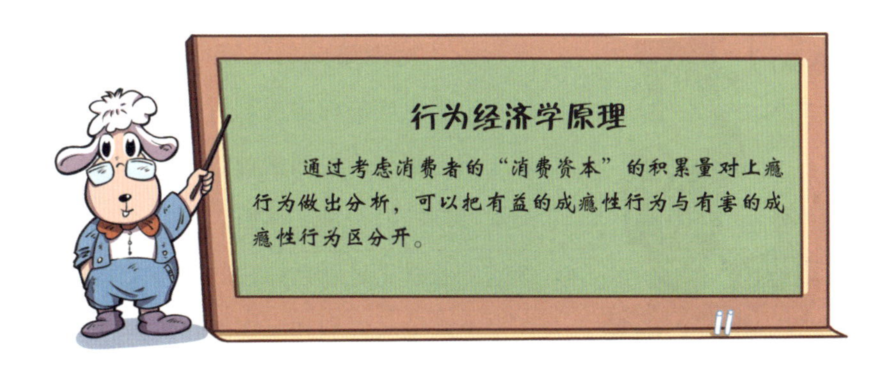

能力也就会越高，听音乐获得的边际效用也就越大，即接触美妙的音乐会增加人们将来对其的需求。

首先我们来讨论有益的成瘾性行为。

在人们年轻时，有益商品的价格会下降，而人们对这些商品的消费量则会上升，因为随着人们与有益商品接触的增加以及年龄的增长，消费资本会不断地积累。然而尽管商品的消费量会随着人们与之接触的增加而增加，但是为生产这类商品所花费的时间和商品的数量却不一定会随之增加；商品的需求曲线越有弹性，商品的消费量越有可能会随接触增加而上升。即在年轻时，人们对这些商品的消费量会上升，但由于消费资本存量在年长时减少，消费量最终会下降。

在任何年龄段，增加对有害商品的消费量都会降低以后可使用的消费资本存量，同时会提高所有年龄段上商品的影子价格。随着人们对这类商品接触的增加以及年龄的增长，影子价格将会提高（至少年轻时是这样），导致商品的消费量随年龄和接触机会的增多而趋于下降。由于随着接触商品机会的增加，消费资本会趋于下降，因此商品与时间的投入不一定会下降；事实上，假如商品的需求曲线是缺乏弹性的，那么投入品的价格很可能会随着人们接触该商品机会的增加而趋于上升。

为了更好地说明以上结论，我们不妨假设一种以海洛因作为投入品而生产出来的商品——精神愉悦剂。对精神愉悦剂这种商品的当前消费量的增加，会通过降低精神愉悦剂资本的未来存量来提高未来生产精神愉悦剂的成本。接触精神愉悦剂对未来生产精神愉悦剂所产生的影响，会随着人们与精神愉悦剂接触的不断增加而降低精神愉悦剂的消费量。然而，如果对精神愉悦剂的需求曲线是足够无弹性的，那么海洛因的使用量会随着与人们和海洛因的接触的增加而增

加，与此同时，人们所获得的精神愉悦程度是下降的。

应该注意的是，在人们年轻时，由于海洛因的使用会对以后精神愉悦剂的资本产生负面影响，因此海洛因的使用量将会减少。实际上，只有在预料到使用海洛因会导致有害的上瘾效应的情况下，人们才有可能不使用海洛因或减少其使用量。更应引起注意的是，假如尽管人们能够精确预料到使用海洛因所导致的不良后果，他们还是使用了海洛因，那么在这种情况下，人们使用海洛因所获得的效用要大于他被劝阻使用海洛因所产生的效用。当然，如果能够发明一些新技术（例如美沙酮等毒品替代品），可以降低精神愉悦剂的有害的上瘾效应，那么人们所获得的效用会更大。

有趣的是，我们注意到，如果对精神愉悦剂的需求曲线以及由此产生的对海洛因的需求曲线足够无弹性的话，随着人们不断接触精神愉悦剂及海洛因，海洛因的使用量将增加，而与此同时，精神愉悦剂（所获得的）的使用量却会减少。也就是说，对海洛因上瘾（即不断接触海洛因而增加其使用量）是对海洛因需求缺乏弹性的结果，而不是通常所认为的需求缺乏弹性的原因。同理，如果对听音乐和打网球的需求足够有弹性的话，那么人们将沉溺于听音乐和打网球；这种沉迷也是某一特定弹性的结果，而不是原因。换句话说，如果假定存在成瘾性行为（部分原因在于随着年龄的增长，人们所投入的时间会增加），但人们还搞不清楚究竟这种成瘾性行为是有害还是有益的，那么我们可以使用需求弹性作为标准对两者进行区分：需求弹性高表示成瘾性行为是有益的，需求弹性低表示这种行为是有害的。

我们不需要为了弄明白“为什么随着人们不断地接触海洛因，海洛因的使用量会增加”或者“为什么使用量对价格的反应如此不灵敏”等问题去假定，随着接触精神愉悦剂的增加，人们不会改变其口味。换句话说，人们的口味是稳定的，使用量也会随着人们接触海洛因的增加而增加，并且海洛因之所以令人上瘾，更确切的原因在于人们对其价格变化不敏感。

怎样克服成瘾

一些行为经济学家试图将非理性的因素（例如心理性因素和环境暗示）引入上瘾品的消费之中，以此来解释上瘾的心理机制以及瘾的维持与戒除。

心理性因素包括食欲、性欲、情绪、疼痛、上瘾者对药物的渴望等驱动性状态。

心理性因素不仅仅是通过心理起作用，神经系统也是重要的作用机制，给人一种不是很舒服的生理反应或感觉，并驱动个人进行某种行动，只有进行了这种行动之后，不舒服的感觉才会得到缓解。

心理性因素之所以能够影响消费，是因为在消费过程中，除了商品本身带来的效用，还有一部分心理性因素满足所带来的效用。这种效用的叠加在消费者的脑中形成框架和记忆，并直接影响其下一次的消费。

心理性因素对于消费者的商品偏好和时间偏好具有一定的影响。

定理一：心理性因素增强时，人们会将注意力集中在与那些心理性因素有关的消费和活动上。例如烟民在逛超市时犯了烟瘾，就会不由自主地走向香烟区。

定理二：心理性因素增强时，人们会将注意力集中在当下。例如，某人领了工资，走在回家的路上，这些工资是用来付下半年的房租的，但是他无意中（真的是无意的吗？）走过一家赌场，脑子一热就冲了进去，半夜出来时已经是囊中空空了，他冷静了下来，后悔万分。

定理三：心理性因素增强时，人们会将注意力集中在自身。吸毒的人往往会不顾及家人的感受，倾家荡产去买毒品。

行为经济学原理

虽然人们容易上瘾，但是人们本身也具有学习能力和调整能力。经过多次的体验和行为之后，大多数人可以对心理性因素的作用和影响有一个大概的了解，并能在学习中积累经验，来对抗部分心理性因素的作用，达到长期的最优消费选择。而且，为了提高自控力，人们往往用一种心理性因素来对抗另一种心理性因素。

例如，某君为了戒烟，每天都在心里对自己说：虽然不抽烟很难受，但是半年省下来的烟钱就可以买一部新手机了！

在心理性因素之外，环境暗示对于上瘾品的消费也具有一定的影响。环境暗示指的是影响消费者心理和决策的外部环境因素，例如场合、声音、图像、气味、装饰等。

环境暗示会引起消费和偏好的变化。这里有一个例子：一个刚刚完成六个月戒毒治疗的病人，在完成了戒毒疗程之后，生理上没有任何的不良反应，心理上也没有吸毒的念头。他在离开戒毒所回家的路上还幻想着要和家人团聚，从此洗心革面、重新做人。但是当他走到地铁站的时候（以前他经常在地铁站附近买毒品、吸毒），突然感到很强的身体不适感和心理上的吸毒冲动，一番心理斗争之后，他还是复吸了。

环境暗示模型的主要特征是：

第一，环境暗示模型提供了新框架来理解边际效用中的高频率变动。消费者的狂热情绪和上瘾是周期性的，但是上瘾者的发作往往是毫无预兆的，而且是由相关的暗示触发的。例如，超市中的很多购买行为都是无计划的，是“一时心血来潮”的结果。

第二，环境暗示模型解释了人们为什么努力克服自己的一些恶习。环境暗示模型中，只要人们可以成功控制环境暗示，就可以克服恶习。比如上瘾者为了戒掉上瘾品，可以通过避免去有环境暗示的场合来达到目的。而科学的疗法是先隔绝（即不进入有暗示的场合），然后是减轻（即减少进入有暗示的场合），接下来是慢慢适应，在有暗示的场合也不服用上瘾品，最后成为习惯。

第三，暗示可以是一种负的外部性。例如在等车的月台上，一个人拿出香烟抽了起来，这种烟味对于他旁边没带烟的烟民乘客来说就是一种负的外部性。

生活小贴士

本章针对传统经济学模型的不足之处，阐述了行为经济学对时间贴现和跨期选择的独到理论。行为经济学认为，贴现率很多时候是随时间轴递减的，也就是动态不一致的现象，例如收益的贴现率高于损失的贴现率；小额效用流的贴现率高于大额效用流；对延期的事件贴现更多，也就是对人们延迟某一给定时点的回报所要求的补偿要高于使其提前所愿意付出的代价；人们在选择结果序列时，更偏好逐期改善序列而非逐期恶化序列；效用和消费的独立性不成立以及跨期选择时不同时期的选择相互影响；等等。所有这些都为经济学更为接近揭示和解释现实问题提供了独到的视角。

同时，时间偏好的含义并不明确。多年来，关于时间偏好含义的争论从未停止：一方面，时间偏好会随着时间的变化而有所不同，作为一个概念，它不具备时间稳定性；另一方面，大量研究表明时间偏好的各种表现（货币的贴现、健康的贴现、收益的贴现、损失的贴现等）之间的相关度不高，即各种跨期行为贴现率之间相关度不高。冲动、强迫和抑制能帮助我们更准确地分析和预测与时间偏好相关的问题。

上瘾是行为人在过去的实践中体验到的能使其感到快乐的行为，尽管在很多情形下不良的上瘾行为会带来降低行为人效用水平的后果，但行为人大多坚持满足自己的嗜好。行为经济学从理性成瘾模型[①]入手，研究人们为什么会上瘾，以及如何戒瘾的问题。

但是，作为经济学者，我们决不能实行“经济学帝国主义”，认为什么东西都可以用经济学解释、用经济学解决。精神病学家诺拉·沃尔科（Nora Volkow）就是一位致力于研究人类为什么会成瘾的权威人物。她把药品和酒精对人类的诱惑与我们身边一些不知疲倦的“工作狂”联系起来，试图发现成瘾与适度“上瘾”有哪些共同之处。在研究过程中她惊讶地发现，大脑对“有益的爱”和“有害的毒瘾”所激发出的都是同一种感受快乐的化学过程。

生命如歌，婉转而动听；生命如茶，清香中藏着无限絮语；生命如跑道，有笔直的长路，也有曲折的弯道……生命如此美好，但是只有健康的人才能感受得到，生命也因健康而美丽！人只有一次生命，生命是最可贵的，没了生命，什么事也做不成。

让我们珍爱生命，健康生活！

① 诺贝尔经济学奖得主加里·贝克尔从经济学角度创立了“理性成瘾”理论，认为“成瘾，即使其程度很深，从包括稳定偏好的有预见性的最大化行为的意义上讲，通常也是理性的行为”。这里说的“理性”意味着随着时间的推移，个体在实现自身效用最大化的过程中始终保持一致。

第九章

“游戏”人生
——行为博弈论

“博弈论”的英文是“game theory”，game 的本意是游戏，博弈论直接译成中文最贴切的用词是“游戏理论”。更确切地说，是一种竞合的智力游戏。博弈论作为经济学的一个分支，自面世以来，在学术领域与社会生活的各个方面都得到广泛的认可和应用。事实上，在传统经济学研究范式的框架下，标准博弈论一直以“理性人”为理论基础，通过一个个精美的数学模型搭建起公理化的理论体系，却往往忽视了日常生活中人们的实际行为。

心理学和行为经济学的研究结果表明，人类在做出决策时并不总是“理性”的。在标准博弈论的基础上，行为经济学家从人自身的心理特质、行为特征出发，揭示博弈中影响选择行为的非理性情感因素。为了弥补传统博弈论理性人假定的不足，他们经过多年理论和实证研究，提出了“行为博弈论”。

在本章中，我们将接触到许多有趣的行为博弈实验，它们充满了逻辑与推理，需要你去仔细思考，细细体会行为博弈的奇妙之处。

第一节 打扑克的心理战——讨价还价博弈

独裁者游戏

博弈者 A 与博弈者 B 分配一定数额的金钱（假设为 10 元）。其中 A 出价，也就是在双方之间分配这一利益，要求 B 要么接受、要么拒绝。如果 B 接受，那么双方按照 A 提出的比例进行分配；如果 B 拒绝，那么双方都不会获得任何收益。按照传统博弈论的推导，博弈者都是理性自利的，有收益总是比没收益好，因此只要 A 给 B 分配的金额大于 0，理性的 B 都会接受。

传统博弈论的分析结果显然是，A 获得绝大部分利益，B 只能分得蝇头小利。然而行为博弈论的实验表明，A 给出的金额平均为 4—5 元。50% 的 B 都拒绝了 2 元以下的出价，认为低于 1/2 太多的出价太不公平，因此以拒绝的方式惩罚对方的行为，结果双方的收益都是 0 元。如果 A 出价过低，B 的拒绝实质上就是一种“报复性回报”。这就是说，回应者宁愿牺牲自身的利益去惩罚那些未公平对待他们的出价者。

两个实验参与者要从有4张“A”与4张“2”的牌中随机各抽4张，这样保证参与者可以通过自己手中的牌推断出对方的牌。参与者被告知4张“A”共值10元，如果“A”少于4张，则一文不值。因此，为了赢得货币，参与者需要将“A”汇集起来，再对如何分配10元进行讨价还价。实验结果表明，当双方都有2个“A”时，他们达成了明确的均分协议，但是当一个人拿了1张“A”而另一个人拿了3张“A”时，就产生了不协调，一部分参与者要求对半分，而另一部分参与者要求报酬与所持有“A”的比例相当。

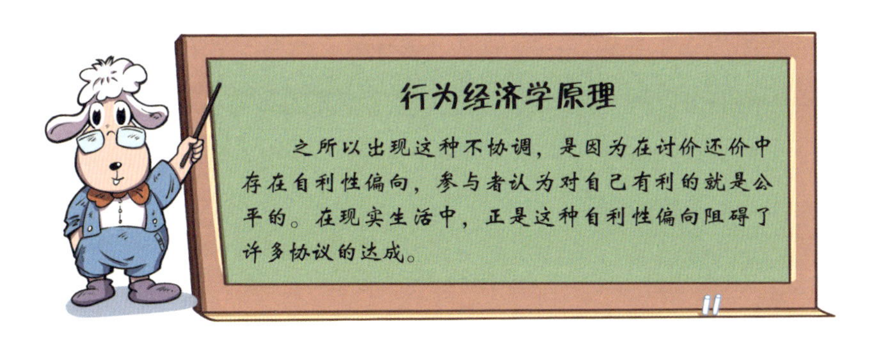

一个真实的法律案件为解决讨价还价问题提供了一种思路：原告因为在一场交通事故中受到伤害而提出诉讼，要求肇事者赔偿自己的损失，赔偿数额由双方讨价还价决定，同时双方商定协议的时间越长，诉讼费就越多。开始双方一直争执不下，最后发现在罗列完双方各自在事故中所犯的错误后，协议达成的可能性大大增加了。这就说明了在讨价还价过程中仲裁的重要性，因为他们可以无偏见地指出案件的各个方面，包括双

方在案件中犯的错误；同时，他们还可以提出一个折中的解决办法。这也为解决日常生活中的争端提供了启发，比如在处理国际事务的时候，联合国与世界贸易组织就可以担当仲裁人的角色，当然，最后能否达成协议还要看协议双方达成一致的意愿。

拖延是有代价的

实际上，现实中的讨价还价经常会持续很久，而这段时间对双方来说是一种成本，一方面是由于时间贴现（即明天的一元钱值不了今天的一元钱）导致越迟定下来的数额损失价值越大，另一方面是由于机会成本（比如罢工中损失的时间成本）导致。一般来说，越有耐心的参与者在讨价还价中越有优势，因为他们可以打“持久战”，直至贴现率高的参与者做出让步。由此可知，轮流出价博弈过程会受到讨价还价的轮数、贴现率的大小和参与者贴现率的大小这三个因素的影响。

还是分 10 元钱，我们将规则稍做改变。第一轮：参与者 A 就 10 元钱对参与者 B 提出一种分法，如果 B 拒绝，那么金额只剩下 2.5 元。第二轮：参与者 B 就这 2.5 元对参与者 A 提出一种分法，如果 A 拒绝，博弈就结束了，双方一无所获。子博弈完美均衡应是首轮（7.5，2.5）的分法，因为如果 B 不同意，他在第二轮最多也只能得到 2.5 元。事实上，在博弈论中，我们称这个结果为“子博弈完美均衡”。

实验结果显示，一种显著的分法是（5.0，5.0）均分，另一些是在子博弈均衡（7.5，2.5）的附近，而很多出价在这两点之间。有趣的是，当把参与者 A 与 B 的身份互换进行第二次实验时，首轮出价很显著地趋向子博弈完美均衡。这也说明了一种学习效应，因为第二次实验的 A 曾经历过 B 的角色，知道没有必要给 B 多于 2.5 元的钱。

后来，学者还进行了相似的研究，不同的是他们的实验包含了三轮（各轮剩下的钱分别为 5 元、2.5 元、1.25 元）和五轮出价（各轮剩下的钱分别为 5 元、1.7 元、0.58 元、0.2 元、0.07 元）。此时子博弈完美均衡都是首轮出价 1.25 元，但实验结果却出人意料，两轮博弈首轮出价 1.25 元的概率很高，而三轮博弈首轮出价为 2.5 元，五轮博弈首轮出价接近 1.7 元，出价的平均数恰是第二轮的金额。这说明参与者可能会在两轮博弈中进行逆向归纳，然后将这种两轮的思维过程应用于三轮与五轮的博弈中。

行为经济学家还研究了出价被拒绝的概率，发现第二轮还价被拒绝的概率大于第一轮，而第三轮还价被拒绝的概率更大。另外，还价经常是不利的，即拒绝参与者报价后，参与者随后报出的价格留给自己的收益往往小于上轮被他拒绝的报价自己可以获得的收益。比如，参与者会拒绝自己从 10 元中获得 3 元的报价，而在第二轮提出自己在 3 元中获得 2.5 元的报价。

对于这种奇怪的现象有两种解释：一是参与者只注重报价是否公平而忽略了最大化货币收益；二是参与者计算能力有限，没有意识到下一轮报价会减少自己的收益。对于支持公平性的解释，我们在前文中已有讨论，因此不再赘述。第二种解释涉及学习的问题，也许参与者一开始没有注意到下一轮对自己收益的影响，但是经过一段时间后就可以学会。

科学家为了消除公平的社会性偏好，让人与计算机轮流进行出价博弈，并根据每轮博弈需要的信息来研究思考的过程，最后得出三个结论：其一，即使控制了对于公平的社会性偏好后，参与者仍然没有做出均衡的出价；其二，参与者通常不会考虑如果出价被拒绝，下一轮还有多少可供分配；其三，参与者被教育如何进行逆向归纳后，的确会更趋向子博弈完美均衡，但是这个过程不会自发地出现。

扑克与博弈

有一个扑克牌游戏的规则是这样的：每个玩家依次发牌，每发一轮牌必须下注，不下注的玩家自动退出游戏。在最后摊牌之前，玩家都会隐藏自己的牌，最后摊牌后，牌最大的玩家获胜。在玩这个游戏时，信息是不充分的，因为你不知道对手的底牌是什么。你需要分析他们的行动，小额下注究竟是因为牌小还是故意引诱你抬高赌注？大额下注意味着他们的大牌稳操胜券还是虚张声势？同时，你还要防备别人对自己的试探。

在现实的讨价还价中，信息往往是不充分的，比如卖家通常比买家更了解所卖商品的信息，而买家比卖家更清楚商品对于自己的价值。因此讨价还价就产生了两个目的——既要获得最大收益，又要传递信息，而这两方面有时是不能同时达到的，因此就降低了效率。

经济学家发现交流可以提高交易的效率，但是大部分不是通过互相说出实情而是根据行为语言试探得到的。因为卖家的报价往往会高于商品的实际价值，而买家的报价往往会低于商品对于自己的价值，实验表明参与者会明显地试探对方的保留价值，然后协调一种大家都能够接受的价格。这同时也说明了面对面交流比书面交流更有效。

第二节 你猜我在想什么——行为博弈案例

或左或右的发球

我们考察了顶尖网球决赛中选手发球是左边或右边的得分概率。如果对发球的方向没有偏好，那么左边发球和右边发球的概率应该一致。研究结果证明了这一猜想。选手发球在左边和右边的得分概率相近。另外，结果也显示，尽管是顶尖选手，他们也倾向于在前后两次的发球中交替选择左边还是右边，但这种偏差的程度略小于一般人的程度。

我们再考察在足球比赛中罚球踢向左边和右边的进球率，结果发现，不管球员踢向左边还是右边，进球率都是一致的，并且他们也没有这次踢左边下次就踢右边的偏误。但这一点并不令人惊讶，因为球员通常很少被连续罚球，他们记忆中的“序列相关性”的偏误就会降低。

行为经济学原理

很多心理学家和神经科学家认为人的大脑中有一种随机结构。很多实验证明，无论是要求被试以某概率分布随机选择策略的情境，还是直接给被试某种随机任务，相对于理论上的随机概率分布而言，都会产生以下两个方面的偏离：人们总是过多地交替变换他们的反应，并容易忽视样本大小。

第一种偏误基于人们对“序列相关性”的误解，即在重复博弈中，人们总是认为前后两次博弈的策略是相关的，为了增加最后取胜的可能性，前后两次博弈采用的策略应该不同才好。比如，在“猜硬币”游戏中，猜硬币者上一次猜的是“正面”，下一次就很可能猜“反面”，因为他觉得刚刚出现一次正面，下一次出现反面的概率就大一些；而事实上，前后两次硬币出现正反面之间没有任何关系。另外，在“剪刀石头布”的游戏中也有这种情况。如果参与者上一次出了“剪刀”，下一次就很可能不再出“剪刀”。再如，人们在买彩票时，如果某一数字序列刚刚中过奖，那么很少有人会再选择这个序列，但事实上，这一序列和其他序列中奖的概率是相同的。

第二种偏误是人们在预测结果时，常常会错误地应用一些只有在样本量很大的时候才会出现的性质。以最简单的掷硬币为例。在样本量很大（比如掷 1 000 次）的时候，硬币正面出现的概率和反面出现的概率都应该是 1/2。而当样本量很小（比如只掷 10 次）时就不一定了。但是，人们仍会认为正反面出现的概率是相等的。

冤冤相报何时了

先用一个例子解释什么叫作“占优策略”。

女朋友的生日

你觉得今天好像是你女朋友的生日，但又不能肯定。如果是女朋友的生日，你可以送一大束花，女朋友会特别高兴，你不送花，女朋友会埋怨你忘了她的生日；如果不是女朋友的生日，你送一束花就是意外惊喜。

在这个博弈中，无论今天是不是你女朋友的生日，你的最佳选择都是送花。也就是在一个博弈中，如果一个参与者具有这样一种策略，无论其他参与者的策略是什么，这个策略都高出一筹，那么该参与者就拥有一个占优策略。一个具有占优策略的博弈是很容易被解决的，占优始终是制定决策时最基本的原则。而通过假设别的参与者服从占优，便可以剔除非占优策略，最终达到占优均衡。这个占优剔除的过程是可以被重复应用的，行为博弈理论研究的目的就是通过实验检验参与者在不同博弈中如何进行重复占优，特别是重复推理的步数，从而得出一些包含心理机制的结论。

选美比赛博弈

"选美比赛"博弈这个名称来自凯恩斯的《就业、利息和货币通论》(*The General Theory of Employment, Interest, and Money*)，凯恩斯把股票投资比作选美比赛，每个参与者都需要挑选一个最美的人。最后，做出的选择最接近全部参与者选出的美人的那个参与者获得胜利。在这种情况下，参与者就不会选择自己认为最美的人，而会去猜测最能抓住别人眼球的美女。当所有的人都持有同样的想法时，选美比赛便违背了它的初衷，演变成了预测大众看法的比赛。

在行为经济学家的课堂上，我们经常做这样一个简单的实验：参与者被要求在 0 和 100 之间选择一个数字，胜者是选择的数字最接近所有参与者均值的 2/3 的那个人。同选美比赛类似，参与者必须预测别人所选的数字的均值，然后选择均值的 2/3。

这个实验可以检测参与者在进行选择的过程中进行了多少轮的重复推理。如果每个参与者都随机选择，均值就是 50，50 的 2/3 是 33，所以选择 33 的人进行了一步占优。如果有一个参与者预测所有人都进行了一步占优，他就会进行二步占优，从而选择 $33 \times 2/3=22$，同理，进行三步占优的人会选择

22×2/3=15……当进行了无穷多步的重复占优后，我们可以得到最终的重复占优纳什均衡是0。

行为经济学家对这个博弈进行了实验研究，实验对象是多组14—16岁的德国学生，得到的实验结果是35左右。我们对来北京大学培训的CEO、证券经纪人等也进行了相同的多次实验，得到了相似的实验结果。另一个有趣的实验对象群是《财经》杂志的读者，在对其进行实验时我们提供了大额的奖金，也得到了相似的结果，均值位于22与33之间，而且只有8%的实验对象选择了0。因此，在选美比赛博弈中，实验对象一般只能进行一步到两步的重复推理。

行为经济学原理

对于这个结果有两种解释：一是参与者无法进行多次的重复推理；二是参与者不相信别人能够进行如此多的重复推理。这就是经济学家赫伯特·西蒙（Herbert Simon）讲过的“有限理性”——人的思维能力并非无穷无尽，人具有的是有限理性。因此，人们在行为上并不总是追求效用极大。实际上，人会根据对环境的认知和自己有限的思维，做出让自己满意即可的选择。这就是更接近血肉之躯的人的“有限理性”的观点。

爱情蜈蚣博弈

谈恋爱其实也可以看作一种博弈，男女双方从开始的简单了解，通过多次接触后达到信任，最后生活在一起，就是一种由浅入深的试探过程，双方在互相接触中看对方能否使得自己实现利益最大化。

经济学家设计了“蜈蚣博弈”来模拟谈恋爱的过程。

恋爱博弈

小王和小花分别是这个博弈的男女主角，他们在谈恋爱的每个过程中都有两种选择：一种是“继续”，即让对方做出选择，随着双方了解程度加深，两人的爱情总收益不断增加；另一种是“甩”，即结束恋爱。这种博弈实际上是一种多阶段的信任博弈，每个参与者既希望通过信任对方获取更大的利益，又担心因信任而产生的风险。

经济学家用实验模拟了“蜈蚣博弈”，结果如下：

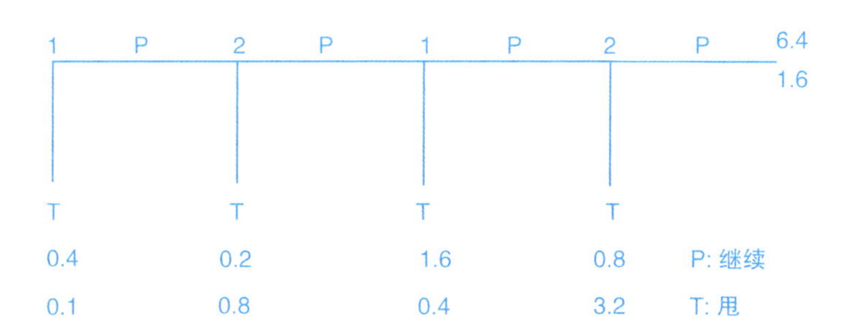

博弈从左到右进行，在第一轮交往中小王可以先做出选择，如果他选择“甩”，那么小王和小花分别得到0.4和0.1的爱情收益；如果小王选择“继续”，则轮到小花做选择，她选择“甩”，那么小王和小花分别得到0.2和0.8的爱情收益。可以看出，此时两人爱情收益的总和是第一轮的两倍，但是小王得到的收益比第一轮少，小花得到的收益比第一轮多，显然，被甩的人受到的伤害比较大。如果小王和小花每次都选择“继续”，他们一起走到最后收获圆满爱情，将分别获得 6.4 和 1.6 的最高收益。但是当我们用倒推法就会发现这样圆满的结局很难达到，在第四轮时，小花的最优策略是选择“甩”，因为继续下去收益不会增长；对于小王来说，如果在预料到小花在第四轮一定会选择“甩”，那么第三轮时他的最优策略也应该是“甩”。这个结果就如同囚徒困境，理性的选择并不能达到最优解。每次行动都选择“继续”虽然能够达到帕累托最优，但是却破坏了重复占优均衡，这说明完全自利的行为会导致合作的破裂。

以上是对标准博弈理论所做的均衡分析。但是在现实生活中很少有人在恋爱的初期就选择分手，说明恋爱过程中双方并非完全理智，道德、习惯、学识都可以影响这一过程。

我们可以用一个均衡模型来解释“继续”的高比例，模型中把“继续”的原因分为两类：一类是利他主义者从内心偏好“继续”；另一类是普通参与者通过在某步之前“继续”而把自己伪装成利他主义者，目的是获得更多的支付，这部分人占了绝大多数。

第三节　为什么选大牌明星做广告——信号与博弈

广告的意义

我们经常可以在电视上看到这样的广告：除了影视明星摆几个造型，展示一下商标，完全没有对产品性能的任何说明。

也许有人会问：“这种广告有意义吗？”存在即合理，经验告诉我们，这种广告具有很好的作用。

财大气粗的企业 A

企业 A 开发出一种效果很好的减肥产品。与此同时，另一家生产假冒伪劣产品的企业 B，也准备向市场推出一种减肥产品。当然，两个企业都会向公众宣布自己的产品质量过硬、绝对上乘。企业 B 开始可以蒙骗一部分消费者，但时间一长，产品的问题就会暴露出来，伪劣产品终究会被消费者识破，顾客会转而购买企业 A 的产品。也就是说，企业 A 可以预期未来市场份额和利润的扩大。

如果企业 A 希望从一开始就与企业 B“划清界限”，企业 A 可以拍个“显示商标”（show logo）的巨星广告。当红明星拍广告的市场价格很高，企业 A 未来预期收入远高于企业 B，出得起这个价格；企业 B 则不敢贸然模仿。用数字来说明就是，如果企业 A 的预期收入为 3 000 万元，而企业 B 的预期收入为 1 000 万元，广告费为 2 000 万元，那么企业 A 可以请巨星打广告，企业 B 就请不起。

精明的消费者一眼就认出请不起当红明星打广告的企业 B 生产的是伪劣产品，自然不会购买。而企业 B 一旦了解到企业 A 要推出巨星广告，就会“急流勇退”放弃生产伪劣产品的计划。所以，企业 A 通过请巨星打广告来“消灭”潜在的市场模仿者。企业 A 并不在乎明星在广告节目中说了什么，表演了什么，只是想通过明星显示出自己是生产优质产品的企业。

这种广告的价值正在于，明星出场费的高低代表了企业产品质量的高低。

上面的例子表明，成功的信号传递能够起到显著的效果。

另一个有趣的一个例子来自战争。西班牙航海家、军事家埃尔南·科尔

特斯在入侵墨西哥时烧毁了所有的船只，这个强烈的信号具有两方面作用：一方面，它可以激励战士们奋勇杀敌，因为他们已经没有退路了；另一方面，使得墨西哥人丧失士气，因为他们知道这场战争的结果不是你死就是我亡，已经没有和解的可能了。中国有一个成语“破釜沉舟”，讲的也是类似的故事。

在处理国际关系时，一个国家往往会采取贸易制裁的方式“惩罚”在某些方面与其意见不合的国家，这里贸易制裁就是一种信号，显示该国的立场，试图影响其他国家的行为。但它也是一把双刃剑：一方面，贸易制裁确实对“不听话”的国家产生了不利的影响，有可能迫使这些国家按照信号发送国的意愿行动；另一方面，当一个富国对穷国实行贸易制裁时，穷国的领导人会将该信号转化为另一个意思，即富国企图影响本国穷人的福利，从而引发本国民众对富国的仇视。这同时也说明富国领导人在实行制裁时没有进行充分的重复推理。

信号与合作

许多博弈都包含不止一个均衡，就像我们在混合策略中看到的那样。在日常生活中，最简单的例子就是决定在路的哪一侧开车，这个问题在一千多年前就被马车夫提出来过。显然参与者都靠左或者都靠右是两种均衡状态，这两种均衡都有可能被选择。比如在美国，人们开车习惯靠右行驶；而在英国，人们开车通常会靠左行驶。因为不同的均衡对于不同的参与者来说具有不同的收益，所以不能确定最终能够达到哪种均衡。下面我们来看一个被称作“猎鹿博弈”的实验。

A 和 B 两个猎人需要各自决定是猎鹿还是猎兔，猎鹿需要两人合作，合作成功的话鹿肉可供两人吃四天，回报高但风险也高，因为一旦有一个人不合作，双方就什么也得不到；猎兔则可以由一个人毫不费力地完成，没有风险，猎人能够确保得到两天的食物。

这个博弈具有两个均衡：（猎鹿，猎鹿）和（猎兔，猎兔）。显然，双方都选择猎鹿符合帕累托最优，因此每个人都倾向于合作猎鹿，但这是有风险的。一个风险厌恶的猎人也许会采用最大化最小收益的策略而选择猎兔。学者提出了风险占优策略，即最小化共同风险的策略。共同风险是由于不能合作猎鹿而产生的对各个猎人的损失的乘积。如果猎人 A 选择猎鹿，而猎人 B 选择猎兔，那么给猎人 A 带来的损失是两天的食物；同理，当角色反过来时，给猎人 B 带来的损失也是两天的食物。因此 A 和 B 都选择猎鹿的共同风险是 4，而都选择猎兔的共同风险是 0，根据风险占优策略，最终应该达到的均衡是（猎兔，猎兔）。

实验结果显示，人们趋向于成为风险厌恶者。因此在后来进行的实验中，绝大多数参与者都选择了那个并不有效的均衡。

经济学家进一步研究如何才能达到最优均衡，发现最有效的方法就是发出信号。实验结果显示，允许一个参与者发出将要选择猎鹿的信号使得选择（猎鹿，猎鹿）均衡的比例从 0 上升到了 55%，而允许两个参与者都发出信号时，这个比例达到了91%。

在这个博弈中双方都有合作的愿望，因为合作能达到帕累托最优，所以双方共同发出信号比单方面发出信号更能够显著地增大达到最优均衡的比例。但是，这一结论并不是永远成立的，关键要看支付的结构。

如何脱颖而出

在人才市场中，招聘者和应聘者之间存在信息不对称，应聘者知道自己属于高生产率工人还是低生产率工人，而招聘者不知道。一开始，招聘者只能通过以往的经验来选择，比如说50%的概率是高生产率工人。在招聘过程中，应聘者会付出不同程度的努力，而招聘者通过应聘者的努力程度来判断其类型。此时，努力程度就是应聘者发送的一个信号，用来修正一开始在招聘者脑中形成的印象，这个过程就是所谓的“贝叶斯信息更新”。招聘者会解雇低生产率的应聘者，因此低生产率的应聘者有激励增加努力程度让招聘者认为自己是高生产率工人，而高生产率的应聘者也会更加努力工作使自己能与低生产率工人相区分，同时使得低生产率工人增加努力程度的成本更高。

最终，该博弈能够达到两个均衡，即混同均衡和分离均衡。混同均衡指的是不同类型的参与者付出了相同程度的努力，使得没有人能够发现每个参与者的类型，即高生产率的应聘者因发现使自己与低生产率的应聘者区分的成本太高而放弃。分离均衡指的是不同类型的参与者付出了不同程度的努力而得到区分，即低生产率的应聘者发现付出与高生产率应聘者同样的努力成本太高，因此放弃；而高生产率的应聘者通过付出很大的努力使得自己区别于低生产率的应聘者，最终得到工作。

经济学家做过一个类似的实验，实验对象是一个垄断者和一个市场新加入者。他们发现当高成本的市场新加入者不能有如低成本的垄断者那么多的产出时，分离均衡就容易达到。但是，为了赶走加入者并保持垄断地位，低成本的垄断者确实需要一定的时间生产出比新加入者更多的产出。有学者后来在信用和声誉方面也做了相似的研究，同样发现了学习过程的重要性。实际上，多数实验证明参与者一开始往往不会理性地将行为引至信号传递均衡上，但是他们似乎能意识到接收信号传递的信息并做出推理，于是当重复进行一个博弈时，结果通常会向均衡方向过渡，这就是学习效应。

生活小贴士

电影《美丽心灵》(*Beautiful Mind*)再现了数学天才、1994年诺贝尔经济学奖得主之一、罹患妄想型精神分裂症三十多年又奇迹般恢复正常的约翰·纳什传奇般的人生经历。影片男主角罗素·克劳(Russell Crowe)在领取奥斯卡金像奖时对《美丽心灵》评价道：纳什与他的博弈论"能够帮助我们敞开心扉，给予我们信念；生活中真的会有奇迹发生"。

虽然我们的生活中到处都有博弈，但是对像纳什那样的博弈理论家而言，博弈是数学题，纳什那种预测博弈结果的革命性方法是对数学有深入理解之后的天才应用。而对于我们来说，博弈告诉我们：

第一，要学会理解，每个人都有自己的思想，所以必须了解竞争对手的思想。商业关系被认为是一种相互作用。但博弈论并不是疗法，"完全理性"也不是处方，它并不告诉你该付多少钱买东西。博弈论只是提供一些关系的例证，一些有用的解决问题的方法。这种思维方法也许是我们每一个人都应该学习的。

第二，每一个博弈都是一个你中有我、我中有你的情形，不同的博弈参与者可以选择不同的行动，但由于相互作用，一个参与者的得益不仅取决于自己所采取的行动，也取决于其他参与者所采取的行动。博弈论的精髓在于基于系统思维的理性换位思考，即在选择你的行动或者考虑你自身的收益时，你应当用他人的收益去推测他人的行动，从而选择最有利于自己的行动。

第三，行为博弈就是从一个独特的视角帮助我们更加深刻地理解和把握经济现象，并指导国家制定更加有效的经济政策。米兰·昆德拉（Milan Kundera）的话其实很有哲理："站在别人的立场上想一想，就是为自己未来的遭遇着想！"

经济如局，人生如棋，博弈之道，生活之常，运用之妙，存乎一心。

第十章

我要幸福
——幸福经济学

从人类踏入文明时代开始，“幸福”就与人类文明相伴相随。可以说，人类文明的任何进步，无论是政治、经济还是宗教、文化，都与“幸福”有着无法割裂的关系。伴着“东方红，太阳升，中国出了个毛泽东，他为人民谋幸福”的激昂旋律，中国人民当家作主站了起来，建立了独立富强的新中国；而正是《格林童话》和《安徒生童话》中那一句句“王子和公主最后幸福地生活在一起”，将全世界每张睡床上的宝宝带入甜美的梦乡……可以说，“幸福”是人类文明的灵魂——人类的文明，就是为了追求幸福而存在的。

第一节 什么是幸福

“幸福”探源

正如“灵魂”是难以捉摸和把握的一样，“幸福”的定义也成为人类文明史上最令人头疼也最令人着迷的问题之一。

在英文中，常用“happiness”一词指代“幸福”，其具体解释为：“好运”“良好而满足的状态”或“快乐或满足的经历”。在英文中，有类似含义的词汇还包括：welfare（福利）、joy（欢乐）、well-being（福祉）等。通过这些含义，我们可以看到在西方文化中，对于“幸福”的解释着重于强调内在的个人感受，而对于外在的因素强调得相对弱一些。在现代汉语中，“幸福”的含义与英语中大体相同，可归结为“一种持续时间较长的对生活的满足和感到生活有巨大乐趣并自然而然地希望持续久远的愉快心情”。可见，在中国文化中，“幸福”的含义更加强调持久性。

另外，当我们从词源学上考据时，“幸福”是由单字“幸”和“福”组成

的。在甲骨文中，“幸”的形象为桎梏，类似于今天的手铐，是用来锁住奴隶或者俘虏的刑具。因为在商朝，“人牲”和“人殉”盛行，奴隶或者俘虏动辄被杀害，性命朝不保夕。所以，如果自己还被锁着，还能算勉强留着一条命。于是“幸”就有了这样一种引申义，大约相当于今天的“侥幸”。而“福”字在甲骨文中的形象为双手向供桌上进奉酒食供品，祈求神明护佑。由此可见，中国文化中的“幸福”还有强调外在环境对人们影响的含义。

拥有金钱≠幸福

“拥有金钱等于幸福”这个论点，可能是人类历史上最早也是最朴素的关于“如何得到幸福”这一问题的答案。这种观点，说小点，就是“金钱万能论”；说大点，就是“拜金主义”，是资产阶级幸福观的一种较为原始但又颇具代表性的观点。

诚然，正如同中国古代钱币形象所暗示的那样，钱币象征天圆地方，蕴含无限可能。有了钱，我们可以买世间任何明码标价的东西；有了钱，我们可以享受世间几乎任何服务，不但“有钱能使鬼推磨”，甚至“有钱能使磨推鬼”。然而事实真是如此吗？

美国著名政治经济学家罗伯特·莱恩（Robert Lane）在其著作《幸福的流失》（*The Loss of Happiness in Market Democracies*）中指出，1960—2000年，按不变价格计算，美国人均收入翻了三番，但认为自己“非常幸福”的人的比例却从40%下降到30%。在欧洲，虽然幸福指数没有明显下降，但是患抑郁症的人数却急剧增加。而我们细化地考察人们生活的各个方面，如婚姻、工作、居住环境等，满意度都呈下滑趋势。同时，越来越多的欧美人患有一定程度的精神疾病，需要通过药物来解决抑郁、烦闷、失眠和健忘等问题。由此可见，在一国范围内，财富的增加并不能带来幸福感的增加。

更进一步，很多研究显示，一个国家的幸福指数与收入多少也不存在必然联系。日本在20世纪创造了举世瞩目的经济奇迹，人均收入增长了好几倍，成为世界上收入水平最高的国家之一。但统计资料显示，日本国民自杀率常年保持世界前列，并在发达资本主义国家中稳居第一。而相关调查也显示，日本国民的幸福指数、生活满意度都相当低，甚至远远低于某些中低收入国家（如印度）。这一现象也被形象地称为“幸福鸿沟”，即收入增加了，幸福感并没有增加。

又如在一个贫穷的小山村，本来人们过着优哉游哉的世外桃源生活，他们不能看电视，却可以去看戏；不能使用香皂或沐浴露，却可以用天然香料；没有小汽车可以乘坐，却可以骑马和坐轿。所以幸福也许只是一种感觉，与收入不见得有关，甚至技术发展也不会带来更多的幸福。这个贫穷的小山村突然有一天通了电，有了电视，有了手机，村民们看到了原来外面的世界是如此精彩，他们的幸福感也许会下降。但由此得出“技术进步会降低人们的幸福感”的结论也是十分荒谬的。

所以，经济增长并不意味着居民收入状况的改善、消费的增加和生活水平的提高，也不代表着人们的安全感、幸福指数的提高。

综上可见，“拥有金钱”并不是“幸福”的充分条件。但是反过来说，“拥有金钱”是“幸福”的必要条件吗？

正所谓“钱不是万能的，但没有钱是万万不能的”，那么“有钱不一定幸福，但没钱一定不幸福”这个论点听起来就合情合理。但是，正如下面这个寓言里讲的，没钱的人也未必会不幸福。

幸福的流浪汉

有一个国王总是觉得自己不幸福，于是他就想寻找获得幸福的秘诀。可是他发现自己周围的人无论是仆从、侍卫还是王公大臣，都整天满面愁容，没有幸福感。没办法，国王只好发动所有的手下去寻找国内最幸福的人。可是大臣们跑到街上，看到不论是店铺的老板还是伙计，不论是田里的农民还是作坊里的工匠，都有着自己的烦心事。找来找去，最后发现只有一个流浪汉整天都是快乐的。于是国王就把流浪汉找来，问他幸福的秘诀，流浪汉干脆地回答道："因为我什么都没有啊！"

当然，寓言毕竟是寓言。就像上面那则寓言所说的，我们很容易就能从现实生活中找到类比。拿经典电影《上帝也疯狂》(*The Gods Must Be Crazy*)来说，一群土著生活在南非的大沙漠里，物质生活极度匮乏，更不用说有钱了（事实上，他们连"钱"是什么都不知道），但是他们的生活却其乐融融。倒是一个突然闯入他们生活的玻璃瓶，搞得人们为了占有它而产生争执、大打出手——所有的人都为了这个瓶子，平生第一次感到了不快乐。由此可见，没钱不一定不幸福；相反，有时有钱才不幸福。

放眼世界，南亚小国不丹经济发展水平在世界排名中处于靠后的位置。但是"用国民幸福总值代替 GDP"的理念却使不丹在"全球幸福排行榜"上名列前茅，远远高于很多超级富国，如美国、新加坡，更不用说不少国民天天抑郁的日本了。

行为经济学原理

传统经济学的各类研究成果中，普遍认为财富能够增进人类的幸福。但是，行为经济学近年来的研究发现，财富既不是幸福的充分条件，也不是幸福的必要条件。可以说，财富的多寡与是否幸福是完全不相关的。

效用≠幸福

除了“拜金主义”，还有很多其他错误的幸福观，比如本节我们将要讲到的“享乐主义”。

“享乐主义”最早出现于古希腊时代，从被提出之日起就受到来自各方面的抨击和批判，但它还是在社会上拥有巨大的受众和市场，尤以社会高层（官僚、贵族、富人等）为最。后来，享乐主义又经历了多次“变异”，产生了“功利主义”“消费主义”等主要“变异体”。功利主义的基本论点即“效用＝幸福”，细分起来，包括：第一，效用是同质且可加的，快乐就是正效用，痛苦就是负效用，而幸福就是一个人获得的效用总和；第二，道德行为的目的只是增进个人效用，即个人遵守道德和法律只不过是因为违反道德和法律会遭受惩罚，而惩罚会带来负效用；第三，每个人都只考虑自己，而社会行为的目的在于增进所有人的普遍福利，说白了就是增加所有社会成员效用的总和。

功利主义虽然在理论层面上不可避免地遭遇诸多挫折，但是在资本主义社会的其他方面（如政治、法律和文化领域）都取得了

相当大的成功，但这并不能掩盖其享乐主义的精神实质。

进入20世纪，尤其在第二次世界大战之后，随着物质生产力的不断发展以及新兴中产阶级的形成，一种新的幸福观“消费主义”开始出现。所谓消费主义，就是追求体面的消费，渴求无节制的物质享受和消遣，并把这些当作生活的目的和人生的价值——“幸福”。简而言之，消费主义就是“我消费，我幸福”。

作为享乐主义最新的一个变种，消费主义产生了一些令人深思的新特点：

第一，在消费主义下，消费已经不单纯是获得商品和服务的手段，事实上消费本身已经变成了消费的目的，即所谓“为消费而消费”，而消费者能从单纯的消费过程中得到快感和满足。比如，现代社会里，越来越多的人习惯于通过购物来打发闲暇时间或排解忧愁，他们并不是为了购买需要的商品，而是将这个过程视为一种享受。

第二，在消费主义下，以往“需求决定供给”的经济格局不复存在，而转化为“供给决定需求”。这一点在IT领域尤其如此——无论是iPhone、PSP还是谷歌眼镜，每当一款新产品上市之时，都会掀起一轮抢购狂潮，人们似乎唯一担心的是自己在这波潮流中落于人后，而根本不考虑所要购买的产品自己是否需要。

第三，在消费主义下，消费行为已经成为一种信号传递的手段，用于显示人的身份、品位等。从名牌香水到珠宝，从靓车到豪宅，无一不是如此。当然，用于信号传递的并不仅仅是奢侈品，任何消费都可以看作信号传递。

第四，消费主义的影响并不仅仅限于消费领域，它作为一种意识形态已经侵入人们生活的各个方面。比如，有些人将教育看作“花钱买文凭”。

上面讲了这么多关于享乐主义及其变异的问题，其实用主流经济学的语言来总结就是一句话——“效用＝幸福”。人要想得到幸福，就要不断增加效用，就要享乐，在商品社会里就要消费。可问题是，这样真的能获得幸福吗？

末代皇帝的前半生

中国历史上享乐最多的人无疑是历代皇帝，即使是末代皇帝溥仪，其生活也不是一般地奢华。据其自传《我的前半生》里披露，即使在退位之后，溥仪的生活也是奢华无比，每月光用在他个人膳食上的肉类就达六百多斤（这些肉当然不可能全部吃掉，大部分被浪费了），一顿早饭要摆上桌的菜肴就有四五十道之多。闷了有戏听，闲了有一帮太监宫女陪着打网球。一高兴了，什么珠宝、洋装、名表、汽车全买到手。

考虑到当时中国的现实条件，溥仪可以说已经把能享受的东西都享受到了。可是，你说溥仪幸福吗？我估计只要是略了解中国历史的人都不会说他是幸福的，甚至可以说，他的人生是一出彻头彻尾的悲剧。在世界范围内，享乐主义的幸福实践也造成了不小的悲剧。后期的古罗马帝国可以说是古典时代享乐主义的巅峰，皇帝和贵族们整天沉溺于各种享乐活动：酗酒、滥交、痴迷于斗兽乃至“斗人”。而伴随着这些享乐活动，古罗马帝国一天天衰落下去，不但在国力方面，在精神领域也是如此——古罗马再也没有产生一位伟大的哲学家、思想家或者艺术家，全民灵魂极度空虚，甚至不得不放弃自己的信仰，转而信仰被自己征服的奴隶创设的基督教。终于，在外来蛮族的不断打击下，内忧外患的古罗马很快分崩离析——可以说，享乐主义并没有给古罗马带来幸福。

享乐主义的幸福观还往往带来很多社会问题和变态心理，比如说毒品问题和施虐狂。

从哲学角度上看，享乐主义的幸福观还会造成人类的退步。就拿消费主义来说，其存在的价值除了消费一无是处。

行为经济学原理

经典西方经济学继承了功利主义的幸福观，认为幸福就是效用。为了追求幸福，个人就应当不择手段地最大化自己的效用。然而通过上面的分析，我们已经发现单一的效用度量方法无论从理论上还是实践上都存在很大的问题。事实上，行为经济学家们已经开始着手探索新的幸福度量工具，用来取代单一的效用度量，并取得了一些成果。

如何度量幸福

与“什么是幸福”这一问题相伴相随的就是“幸福是可度量的吗？如果是，那么如何度量幸福？”事实上，这个问题就像经济学的“哥德巴赫猜想”，引得无数经济学家为之竞相折腰。

下面我们对一些幸福的测度方法做一个简要介绍。

现代经济学家的奠基人、著名经济学家萨缪尔森曾经提出过一个幸福公式，即“幸福 = 效用 / 欲望”。也就是说，一个人的幸福感取决于其获得的效用及其自身的欲望。人们从消费物品中获得的效用越大，其幸福感就越强；相反，如果一个人的欲望很强烈但得不到满足，他的幸福感就会较弱。当然，这个测度方法也有着一些问题：第一，这个测度方法其实只是一种方法论，而不是一种技术手法，方程里的自变量“效用”和“欲望”本身就跟“幸福”一样难以测度；第二，这个公式是基于传统经济学的观点，而传统经济学里人类的欲望是无限大的，从这个角度来看，人类永远都不会幸福；第三，与之前所讨论的一样，这个幸福公式本质上还是一个功利主义的公式，必然会遭遇功利主义所遇到的理论和实践困难。

后来，一群英国科学家通过对 1 000 个人的调查，提出了一个幸福公式，即“幸福 $= P + 5 \times E + 3 \times H$。其中“$P$”代表个性，包括人的世界观、适应能力和应变能力。“E”代表生存状况，包括健康状况、财务状况和交友状况。“H”则代表人类更高一层的需要，包括理想、自尊心、期望值、幽默感。同时，参与研究的科学家们说，他们还发现同一因素的重要性因人的性别不同而有差异。事实上，这个幸福公式看似具有定量特征，其实不然。公式中的自变量的测度都偏于模糊，尤其以“P”的测度技术难度最大。同时，从多元化的角度来说，这个角度体现出幸福测度手段中自变量多元化的发展趋势（即幸福的决定条件是复杂而多元的），但是又在方法论上力图简化，因而造成公式本身不可避免的理论和技术矛盾。

后来，随着“快乐经济学”在西方的兴起，对“幸福”测度方法的研究也就大规模展开，其中最有代表性的经济学家是黄有光。黄有光的学派对于幸福的研究主要集中于“幸福与收入的关系”“幸福与婚姻的关系”和“幸福与年龄的关系”等几个方面，其研究方式主要是访谈法和问卷调查法。该派学者重视对于人们主观感受的调查，而放弃对于幸福的准确定量（相对地，他们只重视模糊定量）。比如，他们问卷中一个有代表性的问题就是：“就自己的整体状况而言，您是感到非常幸福、有点幸福，还是不太幸福？”从 20 世纪 60 年代起，一些国家已经积累了六十多年的幸福感受数据。当前几乎所有的幸福指数的测算都沿用这一思路。

当然，重视幸福研究的并不只有“快乐经济学派”，一些其他方向的经济学者如制度经济学者和发展经济学者，都开始重视对于幸福的研究。其中最有代表性的就是被称作“经济学的良心”的阿马蒂亚・森（Amartya Sen）。按照森的观点，创造幸福的并不是商品本身，而是它带来的“机会和活动”。而这些机会和活动的实现又必须取决于其他一些因素，比如拥有房屋、食品、健康等。森认为在衡量幸福时所有这些因素都应当加以考虑。他的这一创见受到经济学界的高度重视，许多世界著名的幸福指标，如联合国的人类发展指数，就是本着这一精神创建的。

森画像

2002 年行为经济学家卡内曼获得了诺贝尔经济学奖，这使得行为经济学获得了前所未有的重视。所谓“爱屋及乌”，行为经济学中的幸福测度方法也越来越受到经济学者们的青睐，其中以卡内曼的“日重现法”最有代表性。

行为经济学原理

所谓“日重现法”，就是根据一定的问题框架，引导被试回忆，再现一天有关快乐与幸福的状态，并对这种状态进行评估的测评方法。“日重现法”结合“时间预算法”和“体验取样法”，评估人们如何花费他们的时间，如何体验他们生活中的各种不同活动和安排。在实验过程中设有专门为减少回忆偏差而设计的程序，以此保证实验参与者能够系统地重现他们一天的活动和体验。

随着当代幸福研究的不断开展，不但学术界越来越关心人类幸福的研究，各国政府也越来越重视国民幸福的实现，并为此制定了各种幸福指标。世界上最早制定所谓“幸福指标”的国家是南亚小国不丹：20 世纪 70 年代，不丹国王提出并实施“幸福计划”，政府在不同的时期推出不同的国民幸福目标，使国民生活在物质生活和精神生活之间保持平衡。为了使“幸福计划”有一个更加科学、系统的指导工具，不丹政府创造性地提出了由政府善治、经济增长、文化发展和环境保护四级组成的“国民幸福总值”指标。这一计划的实施取得了巨大的成功，使得这个人均 GDP 仅为 700 多美元的小

国成为世界上最幸福的国家之一。“不丹模式”引起了世界的关注，很多国家纷纷效仿，比如美国的“幸福指数”、英国的“国民发展指数”、日本的“国民生活快乐指数”及近年来非常流行的“国民快乐总值”等。

第二节 如何获得幸福

幸福来自刺激

谁更幸福

两个老太太在一起谈论她们的一生是否幸福，其中一个老太太说：“我的一生太不幸了，虽然我爱过很多次，但是始终没有办法跟相爱的人走到一起。”另一个老太太则说：“你比我幸福——我守着一个人过了一辈子，虽然我很爱他。”现代心理学的研究多半认同后一个老太太的观点，因为心理学的研究成果证明，心理上的幸福感往往来自“刺激”，而前一个老太太由于一生有过很多次全心全意的爱情，那么她一生中受到的“幸福刺激”就要比后一个老太太数量更多、强度更大，因而“幸福值”也就更高。

人类之所以要不断地依靠“刺激”来获得幸福，是因为人类心理上存在一种“适应效应”。

为了证明适应效应的存在，行为经济学家进行了一系列的研究，其中比较有代表性的就是下面这个实验。

对一群被试提出如下问题："现在你的幸福指数是（　　）（从 1 到 10 选择一个数字），如果在你身上发生了一件十分幸运的事情，你的幸福指数将变为（　　），一个月后（不考虑其他事情对你的影响）你的幸福指数为（　　）。"

实验结果显示，在填写当前的幸福指数时，有 80% 的被试填写了 6—8 的数字；而当交了好运之后，有 80% 的被试填写了 9—10；而当一个月之后，大部分被试的幸福程度又变回了交好运之前的状态，即 6—8。这个实验说明，当人们突然交了好运之后（可以视作一个"刺激"），幸福感会有较大幅的增长，但是随着时间的推移，人们会渐渐变得"麻木"，由刺激所带来的幸福感也会慢慢淡化，并回到一般人的水平。

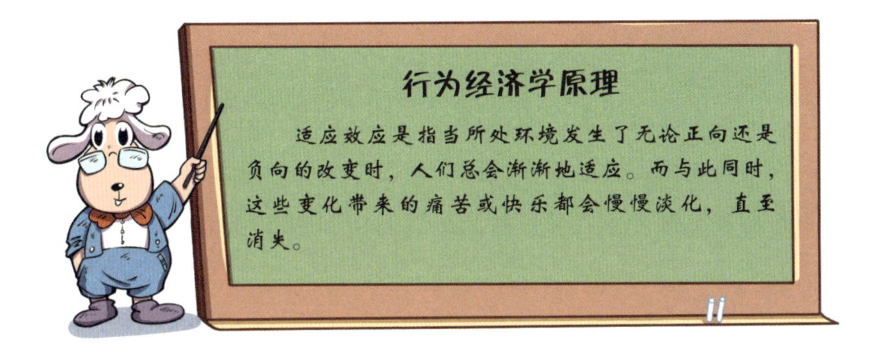

适应效应的存在有助于解释很多经济现象。比如对截肢者快乐指数的评估，很多研究结果显示正常人对截肢者快乐指数的估计远远低于截肢者自己的评估。截肢者之所以会有比正常人估计得高的快乐指数，是因为他们已经接受了截肢这个现实，适应了截肢后的生活，他们的幸福感会从刚刚截肢后的最低谷慢慢增加。

适应效应还有助于解释为什么享乐主义的行为模式不可能得到幸福。事实上，享乐主义的根本出发点就是为了用不断的享乐刺激来消除适应效应，但是由于在现阶段，各种享乐手段从根本上说是有限的（以当前社会的现状来说，享乐的手段虽然很多，但是同质性也很大），因而通过享乐获得的刺激很容易就会被适应，从而难以再获得幸福感。

行为经济学原理

行为经济学的研究证明，人们在评估自己的生活状态时，存在普遍的适应效应，而适应效应会使人们获得的幸福刺激逐渐淡化，从而使幸福感逐渐消退。因此，如果想保持幸福感，最直接的方法就是保证自己不断获得幸福刺激。当然，正如我们之前所说，单纯依靠物质享乐难以获得长久而有效的幸福刺激。

当然，适应效应是客观存在的，任何人都不可能避开。因此，获得幸福的真谛，也许就像浮士德临终时所说的那样："要每天去开拓生活和自由，然后才能作自由和生活的享受。"比如美国人的幸福指数在西方发达国家中相对较高，一个很重要的原因就在于美国文化鼓励人们不断地去尝试新的生活模式，这也就使得美国人更容易从新的生活模式中获得新的刺激，从而增加自己的幸福感。

幸福来自比较

网上曾经疯传过一个帖子来形容"80后"的痛苦与无奈：

当我们读小学的时候，读大学不要钱；

当我们读大学的时候，读小学不要钱；

当我们还没能工作的时候，工作是分配的；

当我们可以工作的时候，撞得头破血流才勉强找到一份饿不死的工作；

当我们不能挣钱的时候，房子是分配的；

当我们能挣钱的时候，却发现房子已经买不起了；

当我们没有进入股市的时候，傻瓜都在赚钱；

当我们兴冲冲地闯进去股市的时候，才发现自己成了傻瓜……

很多人初读这个帖子，觉得似乎很有道理，很多“80后”看完都感慨道：“我们这一代人是怎么了，什么悲催的事情都被我们赶上了？”然而“80后”真的就只有悲催与痛苦吗？其实不然。很多“80后”还是过得舒舒服服，生活滋润得很。帖子描述的现象只是中国社会发展进程中某些方面的折射，这里只是通过比较给人们带来一种直观的感受。

幸福也是人们对生活满意程度的一种主观感受，通常来讲有两种比较会影响到人们的幸福感：一种是时间性的，另一种是社会性的。例如“80后”的“痛苦”，其实是建立在与之前社会状态的比较之上的，因为上小学的时候看到上大学不要钱，结果读大学的时候发现又要钱了，其实如果看看周围所有读大学的人都要交钱，也就不会感到不满了；再如你原来住的是60平方米的小阁楼，如果搬到120平方米的两居室，就会感到幸福，这就是时间性比较的结果。但是，在同一个例子中，如果你看到身边的同事住的都是180平方米的三居室甚至别墅，你就不会感到特别开心；同样，对于“80后”来讲，就算你进入股市时赶上了股市大跌，把自己的工资都赔进去了，但如果你发现有些大老板赔到破产，对比起来你又会觉得自己还是幸运的，这就是社会性比较的结果。

因此，幸福是相对的，不是绝对的，人们到底幸不幸福，很大程度上取决于影响人们主观感受的因素，而这些因素不一定与财富有关，也不一定与效用有关。事实上，人们在比较中往往更能得到满足和幸福，比如你参加工作后，表现优异，年终奖比同事都高，你就会很高兴。很快你拥有了一辆大众车，而你的同事还要挤公交上班，你也会感到幸福和满足；而后来，同事们都有了车，你的幸福程度会递减；再后来，你发现你的车周围停的都是宝马、奥迪，你可能又不开心了，甚至感到失望、痛苦。

演员范伟有一句台词："幸福，那就是我饿了，看别人手里拿个肉包子，他就比我幸福；我冷了，看别人穿了一件厚棉袄，他就比我幸福。"其实幸福很简单，如果早上起床的时候你身体健康，没有疾病，你就比成千上万的人都要幸运，因为他们中有些人甚至看不到初升的太阳，比起他们，你就是幸福的。

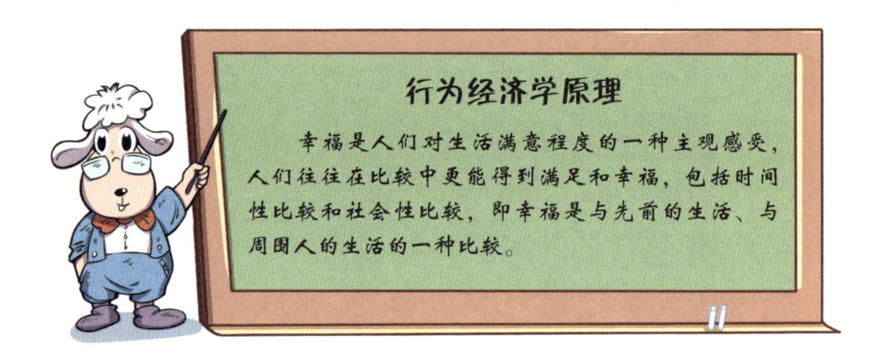

幸福是需求的满足

网络上曾经有句流行语："幸福就是猫吃鱼，狗吃肉，奥特曼打小怪兽。"

乍看之下，这个说法似乎有些令人难以捉摸："猫吃鱼""狗吃肉"可以幸福，这个大家都能理解；但是你说"奥特曼打小怪兽"费时费力，弄不好还有生命危险，这又怎么能叫幸福呢？但是看到这句流行语的人们都会表现出或多或少的认同（否则，它也不会成为流行语）。那么，这又是为什么呢？

要解答这个问题，我们必须从"幸福"的基本定义出发。让我们回顾"幸福"诸多定义中出现最为普遍的一个概念——"满足"。说白了，"幸福感"很大程度上就是"满足感"。再进一步，"满足"的对象是"需求"，从这个意义上说，"幸福"很大程度上就是"需求得到满足"。也就是说，想要知道幸福的真谛，就要首先弄明白我们真正的"需求"是什么。人类的需求不是一个单一的概念，比如房子、金钱，而是一个复杂的体系，这一体系是由美国著名心理学家、被称作"人本主义心理学之父"的亚伯拉罕·马斯洛（Abraham Maslow）最早提出来的。

马斯洛的需求理论被称作"需求层级理论"，简单说来就是人类的需求由低到高分为五个层次，分别为生理需求、安全需求、社交需求、尊重需求和自我实现需求。

生理需求：简单来说，就是呼吸睡觉、饮食男女、穿衣住房等人类单纯作为生物体存活下来所必须满足的需求。在转向更高等级的需求之前，人类总是先要满足生理需求。而且，当生理需求都得到满足时，它们就不能对人类行为产生激励了。

安全需求：包括人身、财产、家庭安全，生活工作稳定，以及免受疾病、痛苦的需求。安全需求在需求层级中也处于较低层次，是人类试图优先满足的需求。"生活稳定"也是安全需求的一个重要方面，因此，这就决定了像"失业保险""社会救济"这些福利政策是一个文明社会所必需的。与生理需求一样，安全需求一旦被满足，就不能对人类行为产生激励。

社交需求：包括对友谊、爱情和隶属关系的需求——所谓人人都渴望被爱、被关怀。而且，与前两个需求不同，社交需求并不存在完全满足的状态，因此能对人类行为产生持续的激励。

尊重需求：包括信心、自我尊重、尊重他人以及被他人尊重等。人人都希望自己拥有较高的社会地位，并希望自己的能力和成就得到社会的承认。尊重又可分为内部尊重和外部尊重。内部尊重是指一个人希望在各种不同情境中有实力、能胜任、充满信心、独立自主；外部尊重是指一个人希望有地位、有威信，受到别人的尊重、信赖和高度评价。马斯洛认为，尊重需求得到满足，能使人对自己充满信心，对社会满腔热情，体验到自己活着的用处和价值。

自我实现需求：包括道德、创造力、问题解决能力、自觉性等，这是最高层次的需求。当这一需求得到实现时，一个人的理想、抱负、能力都被发挥到最大程度。达到自我实现境界的人，接受自己也接受他人，解决问题能力增强，自觉性提高，善于独立处事，能够完成与自己的能力相称的一切事情。也就是说，人必须干称职的工作，这样才会使他们感到最大的幸福。马斯洛提出，为满足自我实现需求所采取的途径因人而异。

让我们回顾本部分开始的那句“幸福就是猫吃鱼，狗吃肉，奥特曼打小怪兽”。用马斯洛的需求层级理论就可以很轻松地解释这句话的含义：“猫吃鱼”和“狗吃肉”都代表了生理需求的满足，因而必然是能带来幸福的；而“奥特曼打小怪兽”则代表了最高层级的“自我实现需求”，因此它不仅能带来幸福，而且其“幸福感”还要比“猫吃鱼”和“狗吃肉”来得更强。

应用马斯洛的需求层级理论，我们就能很容易解释之前种种错误的幸福观为什么不能给人们带来幸福。

拿拜金主义来说，为什么很多富翁有了钱之后却越来越不幸福呢？简单来说，金钱只满足了他们低等级的需求（如生理需求），而高等级的需求（社交需求、尊重需求和自我实现需求）却没有办法仅仅用金钱来满足——有的人因为有了钱，总是觉得自己和家人不安全，因此安全需求得不到满足；而当他“全副武装”之后，又发现自己已经被隔离起来，因此社交需求又得不到满足。有些人虽然有了钱，表面上看起来风光无限，豪宅靓车、华服金表，但是金玉其外败絮其中，表面上看起来别人都很敬畏他，但是压根儿就没有几个人瞧得起他。而对于很多暴发户来说，他们往往没有远大的理想和正确的人生观，而是以得到金钱为人生的唯一目的，因此，他们又必然不能体会持久而强烈的自我实现的幸福感。

同样，我们可以看到享乐主义的幸福实践也只是局限于人类需求的较低层次，因此并不能获得持久而强烈的幸福满足感，尤其是自我实现的幸福感。

按照马斯洛的需求层级理论，人类的需求是一个复杂的、具有层级结构的存在。而幸福从某种意义上说，就是这些需求得到满足时给人带来的愉快感觉。因此，通过马斯洛的需求层级理论，我们很容易就能指出一些错误的幸福观的不足之处，比如拜金主义和享乐主义就是只强调满足人类低层次的需求而忽略了高层次的需求。同时，通过马斯洛的需求层级理论，我们也能够得到一些“幸福”的启发，即我们要在满足自己生存需求和安全需求的前提下，努力提高自己的知识水平和思想境界，自尊自信，广交朋友，同时要树立远大的理想并为之奋斗，进而赢得他人的尊重——这就是马斯洛揭示的“幸福之路”。

生活小贴士

幸福，一个很古老也很现代的问题，即使那些最善于用抽象的、精准的、高度概括的科学术语来描述客观事物的科学家和哲学家，在对幸福进行了无数次的讨论之后，也依然没能为大家献上一个被绝大多数人认为最理想、最科学的答案。

据说，曾经有人问一位大师：“幸福在哪里？”大师回答：“幸福就是从自己的哭声中开始，又在别人的泪水中结束，这中间的过程就是幸福。”屠格涅夫也曾经说过：“幸福没有明天，也没有昨天，它不怀念过去，也不向往未来；它只有现在。”

增进人们的福祉，永远是经济学者追求的目标。但是经济学最主要的工作就是要处理“资源稀缺性和人类欲望无限的矛盾”，所以让有无限欲望、无限需要、无限需求的“经济人”获得幸福，并不是一件容易的事情。清代钱德苍作《解人颐》，被称为马斯洛需求定理的中国版：

终日奔波只为饥，方才一饱便思衣。

衣食两般皆俱足，又思娇娥美貌妻。

娶得美妻生下子，又虑无田少根基。

买下田园多广阔，出入无船少马骑。

槽头扣了骡和马，叹无官职被人欺。

县丞主簿还嫌小，又要朝中挂紫衣。

做了皇帝求仙术，更想登天跨鹤飞。

若要世人心里足，除是南柯一梦西！

在当下，哪里的人最幸福？中国人还是外国人，城市人还是农村人？英国《幸福星球指数》报告做了这样一份调查，满足了人们攀比的欲望。它对全球 178 个国家和地区做了一次“幸福”大排名。排行榜里，中国人民的幸福程度排在第 31 位，比日本（第 95 位）、韩国（第 102 位）和新加坡（第 131 位）人民要幸福得多。美国只排在第 150 位。这个结果让很多人感觉疑惑，从而引出一个问题，是什么东西使人幸福或者不幸福？答案颇多：有人说幸福和年龄有关，一个人一生的幸福水平似乎呈 U 形，与生命周期内倒 U 形的收入水平相反；有人说幸福和职业有关，教育行业的幸福指数最高而建筑行业最低；还有人说，婚姻让人幸福，在美国，同等的收入水平下，一个已婚的人的幸福感要比那些还没有步入婚姻的人高。统计数据显示，一个没有结婚的人获得同样的幸福，他需要每年多挣 2 万美元，结论是婚姻值 2 万美元……

不一而足。

祝各位读者幸福！

第一版后记

我经常收到一些读者尤其是非经济学专业读者的来信，询问是否可以写一本通俗类的行为经济学读物。我一直不敢答应，原因有两个：一是很多德高望重的前辈和中青年翘楚已经陆续推出了很多优秀的经济学通俗读物，并且在市场上得到了很高的认可，他们对于经济学这颗人文社会科学皇冠上的明珠的推广和普及做出了极大的贡献。高山仰止，景行行止。虽不能至，然心向往之。二是我自己本科是学数学的，后来一直从事经济学教学和研究工作，而我在北京大学校园里教的课程更是“计量经济学”和“数理经济学”这类远离大众的“涩”课，又加上自己的文字功夫和文学功底实在是弱，所以这个梦就一直悄悄在心底埋藏了多年。

自北京大学出版社连续出版了我的《行为经济学》《行为经济学原理》《实验经济学》和《行为金融学》，并且我在北京大学也陆续开设了相关的一些课程后，找时间写一本通俗读物的梦便又像春天的种子一样开始萌芽。连续整整三个假期，我都在学习思考、收集资料、架构目录。这是一个痛苦的过程，曾经若干次推倒重来。不想写成学术专著，可是又不想写成很率性的随笔；想给大众作为茶余饭后的消遣，又要求读者有一定的经济学基础；想删除所有公式、模型甚至图表，很多时候个别地方又舍不得；想去掉一些晦涩难懂的章节，又不想失去结构的完整性……我想这些心态可能是每一位出版此类读物的作者的共同心态吧（也许我低估了他人的水平）。

但不管怎样，最终还是动笔了，而且一动文思就如潮水喷涌。在这期间，我经常被自己也被身边的助手感动。尤其要感谢中国人民大学经济学数学实验班的学生、现在美国华盛顿大学读书的孟小凡，北京大学经济学院的本科生、目前在香港大学交流的陆雨薇，北京大学经济学院的吴丹晨，中国人民大学经济学硕士、目前在深圳罗湖国税的邓丽，我们曾经进行了广泛深入的集体讨论，他们帮助我整理资料、编辑格式，等等。这些优秀的学生为这本书的诞生做出了贡献。当然在这个研讨过程中，他们也收获了很多。这些年来，很多学生受行为经济学的影响，有一些远赴重洋，在异国他乡和这个学科默默相处，像老蚕作茧。不过总有一天，他们会化茧为蝶，给行为经济学这片新兴的土地贡献自己的智慧。我想，这也是我作为一名教师的最大幸福和收获。

由于自己能力有限，书中肯定有让读者不满意的地方，责任由我承担，也敬请大家包容并且指正。

董志勇

2010 年春于北京大学